AF187153

Birkensamen

Hilfen zum Gründen und Organisieren einer Reclaiming-Gemeinschaft

Dieses Buch widmen wir Frau Holle,
der Birke und dem Geist der Gemeinschaft.

Holunderschwäne_Edition

FSC
www.fsc.org
MIX
Papier aus ver-
antwortungsvollen
Quellen
Paper from
responsible sources
FSC® C105338

Inhaltsverzeichnis

Vorwort

Unsere Intention:
Wir wollen neu entstehenden und schon bestehenden Reclaiming-Gemeinschaften Tipps und Werkzeuge an die Hand geben, um ihre Gemeinschaften zu stärken und zu fördern.
Das Ergebnis soll allen Interessierten über den Holunderschwäne-Blog (https://reclaimingbraunschweigerland.wordpress.com) zugänglich sein.

2017 wurde in der Gemeinschaft geäußert, wie schön es wäre und wie hilfreich es sei, wenn es für Menschen, die eine Reclaiming-Gemeinschaft aufbauen wollen, eine Form der Unterstützung gäbe.

Diesen Wunsch aufgreifend haben sich Claudia Nymphenkuss, Igraine und Tim von den Holunderschwänen zusammengetan und das vorliegende Buch erstellt. Weitere Ideen, Texte und Hilfestellungen steuerten Bran, Cassandra (Sternschnuppe), Cat, Celia, Ceru, Elke, Kris, Sabine, Shira, Thanis und tiger bei.

Die Birkensamen sollen aus unserer Sicht der ursprünglich gewünschten Unterstützung dienen und eine Hilfe sein. Dabei kann es immer nur Beispiel sein und Vorschläge machen. Es erhebt natürlich nicht den Anspruch der Allgemeingültigkeit.

Im ersten Kapitel des Buchs haben wir (vor allem für neue Reclaimer*innen) zusammengetragen, was an einer gelebten Reclaiminggemeinschaft besonders ist, was die Tradition auszeichnet und einige Handouts für Check-in-Regeln, Konsensprozesse, Kommunikationsvereinbarungen und nachhaltige Kritik zusammengestellt, in dem zweiten gibt es Tipps für die Organisation von Gruppen (Selbstfürsorge, Leute finden und binden, Location finden, Zeit, Gruppenarten und

-strukturen, soziale Permakultur und Herausforderungen) und im letzten Kapitel sind Hilfen für die Erstellung von Informationsmaterialien (Gestaltungshinweise, Hinweise zu Druck, Textbausteine etc.) zu finden.

Dieses Werk ist lizenziert unter einer Creative Commons Namensnennung - Nicht-kommerziell - Weitergabe unter gleichen Bedingungen 4.0 International Lizenz.

Neben den verschiedenen eBuch-Formaten gibt es die Birkensamen auch als Softcover bei Book On Demand. Man kann es bei BoD im Buchshop bestellen oder über die ISBN (978-3-748183785) auch im normalen Buchhandel erhalten. Am gedruckten Buch verdienen wir tatsächlich eine kleine Marge. Diese fließt in einen Stipendienfond für Veranstaltungen der Holunderschwäne.

Die Birkensamen verstehen dieses Buch als ein Work in Progress: So wie unsere Tradition sich stetig verändert und wandelt, so wird es sicherlich auch neue Auflagen dieses Werks geben, in die wir die Rückmeldungen und Anregungen einarbeiten.

Mögen unsere Zeilen wie Birkensamen durch das Land fliegen, sich an vielen Orten niederlassen und Boden finden, wo sie gedeihen und wachsen können!
Mögen die Menschen mit Zuversicht und Unterstützung gesegnet sein, die Gemeinschaften ins Leben rufen, unterstützen und nähren!
Und mögen alle Reclaimer*innen und alle Reclaiming-Gemeinschaften hier und überall dazubeitragen, die Welt ein Stück heiler zu machen!

Die Birkensamen
Claudia Nymphenkuss, Igraine & Tim

Kapitel 1

Was macht Reclaiming aus?

Was macht Reclaiming aus?

Du findest die deutsche Fassung auf der deutschen Reclaiming-Seite: www.reclaiming.de

1. Prinzipien der Einigkeit (PdE)

Wenn du eine Reclaiming-Gemeinschaft gründen willst, hast du sicherlich schon eine Reclaiming-Veranstaltung besucht. Du hast das besondere Zusammensein innerhalb der Gemeinschaft erlebt.

Die Reclaiming-Prinzipien der Einigkeit (Principles of Unity) sind der Rahmen, innerhalb dessen sich jede*r bewegt, die*der sich Reclaiming zugehörig fühlt. Die Prinzipien fassen die zentralen Werte zusammen, die alle Menschen innerhalb der Reclaiming-Bewegung anerkennen. Sie wurden auf dem Collective Annual Retreat 1997 (USA) erarbeitet und beim Dandelion Gathering 5 2012 ergänzt. Die ursprüngliche autorisierte Übersetzung stammt von Donate Pahnke und wurde durch das deutsche Löwenzahntreffen 2013 im Konsens geändert.

Die PdE dienen uns als Basis. Jede*r, die*der den PdE zustimmt, kann sich Reclaimer*in nennen, denn es gibt kein offizielles Beitrittsverfahren oder eine Initiation wie in anderen Traditionen.

Reclaiming ist jedoch so viel mehr als die Zustimmung zu den PdE. Genauso wie unsere Spiritualität nicht offenbart, sondern erfahrbar ist, ist auch die Art der Kommunikation und der Umgang mit einander innerhalb der Tradition nur durch das Erleben zu verstehen.

Sei eingeladen, so viele Reclaiming-Veranstaltungen wie möglich zu besuchen und das besondere an Reclaiming zu erleben.

Reclaiming ist eine orale Tradition. Es gibt kein Buch, in dem beschrieben steht, wie du dich als Reclaimer*in zu verhalten hast, und welchen Regeln du folgen kannst. Aber wir erzählen dir hier ein paar Dinge, die Reclaiming zu der besonderen Tradition machen, die es ist. Vielleicht hilft es dir dich darauf zu besinnen, was deine lokale Reclaiming-Gemeinschaft ausmachen kann.

Da sich eigentlich eben doch alles, was Reclaiming ausmacht, in den PdE wiederfindet, beginnt jeder Punkt, der hier erläutert wird, mit einem Zitat aus den PdE.

2. Reclaiming ist Gemeinschaft

„Wir sind eine dynamische Tradition, die sich ständig weiterentwickelt, und stolz nennen wir uns Hexen."

Du kannst viel über Reclaiming lesen und auch erzählt bekommen, wirklich verstehen, was mit diesen Worten gemeint ist, kannst du nur innerhalb der Gemeinschaft. Reclaiming ist eine orale Tradition; im Umgang miteinander leben und lernen wir in einem sicheren und heiligen Raum, in dem jede*r als Individuum wahr- und angenommen wird, und sind verbunden durch gemeinsame Werte, Magie und gemeinsame Bräuche. Buchwissen ist gut, um die Grundlagen und die Theorie zu lernen, aber für ein tiefgreifendes Verstehen und im wahrsten Sinne des Wortes Be-greifen braucht es das Erleben all dessen in der Gemeinschaft.

So wie jeder Mensch anders ist und eigene Schwerpunkte hat, ist auch jede (lokale) Gemeinschaft anders und hat ihre Eigenarten und Interessen. Für die einen ist Permakultur wichtig, für die anderen die Göttinnenspiritualität. Die einen haben einen Hintergrund in Zeremonialmagie, die anderen sind in einen Hexenkult initiiert und wieder andere arbeiten schamanisch. Die einen begeistert an Reclaiming der Feminismus, andere die Anarchie und wieder andere die fundierte magische Ausbildung. Wir preisen uns glücklich, dass sich bei uns so viele verschiedene Talente und ein so breites, umfangreiches Wissen vereinen, die uns bereichern. Wir feiern und ehren diese Vielfalt.

3. Gesprächskultur

„Jede/r von uns verkörpert das Göttliche."

„Alle Lebewesen verdienen Achtung. Alle werden erhalten von den heiligen Elementen Luft, Feuer, Wasser und Erde."

In Reclaiming achten wir darauf, uns gegenseitig mit Respekt und Rücksichtnahme zu begegnen. In der modernen westlichen Gesellschaft herrscht eine Kommunikation vor, in der es oft um Bewertung, Vergleich und Macht-über geht. Innerhalb unserer Gemeinschaften versuchen wir jedoch einen sicheren und geschützten Raum zu schaffen und eines der Werkzeuge, derer wir uns bedienen, sind besondere Gesprächsregeln. Wir möchten in einer konstruktiven und konfliktvermeidenden Weise miteinander kommunizieren und dabei die Möglichkeit schaffen, dass wir uns wahrhaftig begegnen.

Wenn Reclaimer*innen sich treffen, gibt es meist am Beginn einen Check-in. Das ist eine Runde, in der jede*r Raum bekommt und erzählen kann, wie es einem geht, was einen bewegt, was man „mitbringt" und was man sich erhofft. Die anderen hören aufmerksam zu und schenken der*dem Redenden ihre volle Aufmerksamkeit. Das Gesprochene bleibt stehen und wird in keiner Weise kommentiert. Wenn du das dringende Bedürfnis hast, dich dazu zu äußern, frag nach, ob das erwünscht ist.

Check-in
Dazu findest du weiter hinten unter Abschnitt 12 ein Handout.

Jede Stimme in unserer Gemeinschaft wird als wertvoll und bereichernd angesehen. Jede*r von uns bringt die eigenen Erfahrungen und darauf begründete Sichtweisen mit und die Vielfalt davon bringt den Samen in vielen Herausforderungen viele verschiedene Ansätze für Lösungen finden zu können. Und jede Stimme hat gleich viel Wert. Mehr dazu kommt im Punkt

Ein Handout für nachhaltige Kritik unter Abschnitt 13.

„Anarchistische und konsensorientierte Struktur".
Kritik hat oft einen negativen Beiklang, dabei ist nachhaltige Kritik eines der besten Werkzeuge, über das wir verfügen können, um einander zu helfen, uns und unsere Arbeiten zu verbessern.

Zu Kommunikationsregeln findest du hinten unter Abschnitt 14 ein Handout.

Grundlegend ist ein liebevolles Verständnis füreinander. Wir sind alle Menschen mit Stärken und Schwächen, guten und schlechten Launen. In Reclaiming-Zusammenhängen gehen wir davon aus, dass unser Gegenüber uns nichts Böses möchte. Wir unterstellen unserem Gegenüber das Beste. (Think well of each other!) Wenn wir uns doch einmal angegriffen oder bevormundet oder in unseren Grenzen nicht wahrgenommen fühlen, dann fragen wir nach. Aber natürlich kommt es trotz allen guten Willens doch manchmal dazu, dass es „menschelt". Wenn das passiert, bewahre die Ruhe und hole dir und euch Hilfe. Es gibt viele Techniken und Übungen, mit denen so manches Problem zu lösen ist und in der deutschsprachigen Gemeinschaft gibt es auch mehrere Mediator*innen, die bereit sind zu helfen.

4. Anarchistische und konsensorientierte Struktur

„Wir bemühen uns, in einer Weise zu unterrichten und zu praktizieren, die persönliche und kollektive Kräfte und Fähigkeiten fördert und die zeigt, wie Macht aufgeteilt werden kann und der Zugang zu Führungsrollen für alle gleichermaßen offensteht. Wir treffen grundlegende Entscheidungen durch Konsens und bringen die individuelle Selbstbestimmung in Einklang mit sozialer Verantwortlichkeit."

„Wir fördern eine Geisteshaltung, die Fragen stellt, und wir ehren die intellektuelle, spirituelle und schöpferische Freiheit."

Der Ursprung von Reclaiming liegt in einer Gruppe Feministinnen, die von Feri, Wicca und freifliegenden Hexen, aber auch von politischen Aktionen und Aktivist*innengruppen ihrer Zeit (z.B. den Antiatomprotesten von Diablo Canyon) inspiriert wurden. Ursprünglich versuchte diese Gruppe – als Kollektiv organisiert – Göttinnen-Religiosität mit anarchistisch orientierter Basisdemokratie, Ökologie und sozialer Gerechtigkeit zu verbinden. Als zu viele Menschen zu Reclaiming stießen, um noch gut als Kollektiv funktionieren zu können, wurde auf der Grundlage der Prinzipien der Einigkeit eine offene Gemeinschaft gebildet, die sich inzwischen weltweit ausgebreitet hat.

Eine gute Erklärung zum Konsensprinzip (in englischer Sprache) findest Du hier im Archiv von Reclaiming Quarterly: https://directactionnovel.files.wordpress.com/2017/11/lag-handbk-hauser.pdf

Am Ende des Kapitels unter Abschnitt 15 findest du ein Handout dazu.

Aber nicht alle Fragen werden in Reclaiming im Konsens entschieden und nicht alle Themen sind für eine Konsensentscheidungen geeignet. Fragen, die den (persönlichen) Geschmack betreffen beispielsweise werden bei keiner noch so langen und guten Diskussion eine Übereinstimmung erreichen. Und manche Fragen sind auch einfach nicht so bedeutsam, dass sie eine Bindung von so viel Energie, wie man für eine Konsensentscheidung braucht, rechtfertigen: Bei Fragen wie „Welche Farbe sollen die Servietten für das Treffen haben?" oder „Welche Bücher sollen beim Stammtisch ausgelegt werden?" übertragen wir Entscheidungen einzelnen Person oder Teilgruppen. Manche Entscheidungen sind zwar wichtig, aber die Gruppe ist zu groß, um einen funktionierende Konsensfindung zu starten; an dem großen Spiraldance in San Francisco jedes Jahr zu Samhain nehmen über 1.000 Menschen teil. Hier finden sich einzelne Priester*innen-Gruppen zusammen und bereiten das Ritual vor. Wir schenken diesen Menschen unser Vertrauen; sie dienen der Gemeinschaft. Und wir achten und respektieren die Entscheidungen und die Verantwortung, die mit dieser Aufgabe einhergehen. Sollte es dennoch zu Unstimmigkeiten kommen, gib nachhaltige Kritik (siehe Punkt Gesprächskultur).

In Reclaiming gibt es keine hierarchischen Strukturen. Niemand sagt uns, was wir zu tun und zu lassen haben. Du bist deine eigene höchste spirituelle Autorität! Die Rollen, die Macht verleihen, werden nur auf Zeit eingenommen und danach wieder abgelegt. Diese große Freiheit bedeutet aber auch, dass niemand dafür zuständig ist, das nächste Treffen, das nächste Ritual, die nächste Kernklasse oder das nächste Witchcamp zu organisieren. Reclaimer*innen schließen sich zusammen und tun, was sie für notwendig erachten. Für die deutsche Website hat sich eine Arbeitsgruppe gefunden, die sie nun betreut. Die Facebookgruppe ist von einer einzelnen Person gegründet worden und als sie eine bestimmte Größe erreicht hatte, sind ein paar mehr Adminas hinzugekommen. Die Phoenixe organisieren das deutschsprachige Witchcamp. Diese Rollen oder Positionen sind ehrenamtlich und machen meist viel Arbeit. Wer sie einnimmt, dient der Gemeinschaft.

Und wir bemühen uns, diese Arbeit zu würdigen.
Wenn du also der Meinung bist, Reclaiming braucht
etwas, dann setze die Idee in die Tat um! Suche dir
Gleichgesinnte und mache es!

5. Alle sind willkommen!

„Wir heißen alle Geschlechter und Gendergraphien,
jeglicher Herkunft, aller Altersstufen und sexuel-
len Orientierungen willkommen, und wir begrüßen
all die Verschiedenheiten der Lebenssituationen,
Hintergründe und Fähigkeiten, die unsere Vielfalt
bereichern."

Dem ist eigentlich nichts mehr hinzuzufügen. Jede*r
ist willkommen! Wir sind davon überzeugt, dass Vielfalt uns alle bereichert und wir alle viel voneinander
lernen können, da wir alle unterschiedlich sind und
alle verschiedene Stärken haben.

Wichtig ist allein die Bereitschaft sich in die Gemeinschaft einzufügen und unsere Grundwerte zu teilen.
Menschen, die sexistisches, rassistisches, homo- oder
transphobes, unökologisches oder unsoziales Gedankengut mitbringen, müssen bereit sein, dies über Bord
zu werfen. Was wollen sie sonst bei Reclaiming? Das
Ende der Toleranz ist da erreicht, wo jemand anderes
intolerant wird. Wenn dich dieses als Toleranz-Para-
doxon von dem Philosophen Karl Popper beschriebene
Phänomen interessiert, kannst du dort anfangen nach-
zulesen. Reclaiming bietet für alle Teilnehmer*innen
einen geschützten Raum. Wird dieser sichere Raum
durch verletzende Worte oder Taten gefährdet, steht
der Schutz der Gemeinschaft und ihrer Mitglieder

In „Kapitel 2 – Tipps
zur Organisation"
wird näher erklärt,
dass es die Drachen
gibt, deren Auf-
gabe u.a. ist, die
Gemeinschaft und
ihre Mitglieder zu
schützen.

über dem Gebot der Toleranz oder dem Grundsatz, dass alle willkommen sind.

Vielleicht lesen sich die Hilfen zur Gründung einer Reclaiming-Gemeinschaft ungewohnt für Dich. Der Asteriskus (*) ist ungewohnter als das Binnen-I, aber in den Birkensamen verwenden wir es, um zu zeigen, dass alle Gendergraphien bei uns willkommen sind. Unsere Sprache ist stark patriarchal geprägt; Frauen werden „mitgedacht". Durch einen stetigen Kampf ist das weibliche Geschlecht inzwischen im kollektiven Sprachbewusstsein stärker präsent. Nicht-binäre Gender jedoch nicht. Da Sprache aber stark unser Denken beeinflusst und wir als Hexen wissen, was für ein machtvolles Instrument Sprache ist, benutzen wir sie sorgsam und achtsam. Vielleicht ist das Asteriskus etwas sperriger, aber wenn wir dafür auch nur einer nicht-binären Person den Schmerz ersparen können, wieder nicht gesehen worden zu sein, hat es sich gelohnt.

6. Alkohol- und drogenfrei

„Selbstermächtigung und -heilung ist eines der großen Ziele in der Art, wie wir unsere Gemeinschaft leben und unsere Magie wirken."

Einmalig in Reclaiming ist, dass es keinen Alkohol und keine Drogen im Ritual und auf öffentlichen Treffen gibt.

Diese Regel wurde bereits in den allerersten Anfängen, als die Reclaiming Community begründet wurde, von einer trockenen Alkoholikerin inspiriert. Reclaiming hat das Selbstverständnis, ein geschützter und heilsamer Raum für alle zu sein. Daher ist die Rücksicht auf Personen, die ein Problem mit Substanzen hatten oder haben, selbstverständlich.

Außerdem ist unsere Magie eine willentliche Veränderung unseres Bewusstseins. Wenn wir das jedoch schon durch Alkohol oder Drogen verändern, wir sollen wir wissen, was die Magie in uns bewegt und was die eingenommenen Substanzen?

In lokalen Gemeinschaften kann das jedoch im Konsens anders gehandhabt werden.

Das Witchcamp Council hat es einmal so formuliert: Aus Respekt vor der Intensität der spirituellen und heilenden Arbeit, die wir in Camps leisten, erwarten wir von den Teilnehmer*innen sich im Kreis des Camps auf die transformierende Arbeit der willentlichen Veränderung unseres Bewusstseins ohne den Gebrauch von äußerlichen berauschenden Substanzen einzulassen. Wir fördern den Zugang zu selbstverantwortlichen Gemeinschaften und unterstützen Menschen, die in der Heilung sind und/oder mit den Herausforderungen einer Sucht leben.

Das WitchCamp Council (WCC) setzt sich aus Repräsentent*innen der verschiedenen Reclaiming WitchCamps und anderer Gruppen, die für das Wohl der Camps wichtig sind, zusammen.

7. Ritualgestaltung

„Die Rituale unserer Gemeinschaft sind teilnahme-orientiert und ekstatisch, sie feiern die Kreisläufe der Jahreszeiten und unsere Lebenszyklen, und sie bauen Energie auf für unsere persönliche und kollektive Heilung und für die Heilung der Erde. Wir wissen, dass jede/r die lebensverändernde, welterneuernde Arbeit der Magie tun kann, die Kunst, Bewusstsein willentlich zu verändern."

Unsere Magie wird – wann immer möglich – in Gemeinschaft und gemeinsam gewoben. Spezielle Ritualrollen, -techniken und -formen schaffen einen intentionalen Raum, innerhalb dessen sich Magie und Energiefluss entwickeln können. Dies setzt die Fähigkeit der Priester*innen voraus, den Energiefluss während des Rituals zu erkennen, zu lenken oder auch ihm zu folgen. Rituale müssen die Offenheit haben, sich zu entwickeln und gegebenenfalls auch außerhalb der vorherigen Planung zu verlaufen. Alle Ritualteile richten sich an einer Intention aus.

Rituale sind so aufgebaut, dass mehrere Priester*innen ein Ritual planen und leiten. In der Planung wird darauf geachtet, dass die Rollen innerhalb des Rituals möglichst gleichmäßig verteilt sind und keine Stimme zu dominant wird. In Reclaiming fördern wir das Teilen und die Rotation von Rollen und Verantwortungen. Das kann zu bestimmten Zeiten in lokalen Gemeinschaften schwierig sein, beispielsweise, wenn du noch ganz alleine bist, aber ein öffentliches Ritual anbieten willst. Aber versuche daran zu denken, so bald wie möglich die Positionen zu rotieren.

Grundsätzlich kennen wir keine Hohepriester*innen. Natürlich kann nicht jede*r alles gleich gut – eine kann besser einen Chant schreiben und der*die andere kann besser die Energie spüren –, daher legen wir

Wert darauf, unser Wissen zu teilen und weiterzugeben und Neulinge anzuleiten und zu unterstützen, bis sie sich sicher genug fühlen, größere Rollen zu übernehmen. Auch die Kernklassen und Witchcamps zielen darauf ab, jeder*m durch das Erlernen von bestimmten Techniken und das Erwerben von Wissen das Rüstzeug zu geben, ein*e noch bessere*r Priester*in zu sein.

Den Stil unserer Rituale hat Starhawk einmal mit der Abkürzung **EIEIO** beschrieben (Danke an Susanne für die Übersetzung):

Starhawk ist eine der Mitbegründer*innen von Reclaiming. Sie hat viele Bücher (mit)veröffentlicht, die für Reclaiming prägend sind.

Ekstatisch: Weil wir versuchen, eine hohe Intensität der Energie zu erreichen, die leidenschaftlich ist und Vergnügen macht.

Improvisatorisch: Wir schätzen Spontaneität während der gesamten Ritualstruktur, ermutigen die Leute, eine Liturgie im Augenblick zu erschaffen, statt sie vorher festzuschreiben, auf die Energie um uns herum zu antworten, anstatt vorher festzusetzen, wie es laufen sollte.

Ensemble: In unseren größeren Gruppenritualen arbeiten wir mit vielen Priester*innen zusammen, die verschiedene Rollen ausfüllen und verschiedene Funktionen innehaben, welche sich gegenseitig im Idealfall so unterstützen wie die Mitglieder eines guten Jazzensembles. Wir sind absolut dafür, diese Rollen im Rotationsprinzip von Zeit zu Zeit zu wechseln, um die Entwicklung von Hierarchien zu verhindern und um es jeder Person möglich zu machen, die vielen Facetten des Rituals kennen zu lernen.

Inspiriert: Weil wir alle Zugang zum Heiligen haben, sind wir alle in der Lage, Elemente des Rituals auszudenken. Obwohl wir die Mythen, die Gedichte, die Lieder und die Geschichten, die wir aus der Vergangenheit her kennen, ehren, sind wir nicht an die Vergangenheit gebunden, denn die göttliche Inspiration ist in uns allen jederzeit präsent.

Organisch: Wir bemühen uns um einen ruhigen, dauernden Energiefluss in einem Ritual, dessen Eigenleben wir achten.

Unsere Rituale sind verbunden mit den Rhythmen der Zeitzyklen und dem Leben in der Natur.
Wir ehren alle Arten von Arbeit, die in der Gemeinschaft anfallen: vom Organisieren und Finanzen in Ordnung halten übers Kochen und sauber machen und alle hinter den Kulissen stattfindenden Arbeiten rund ums Ritual – und das sind viele und ohne sie würde es auch keine schönen Rituale geben!

8. Kernklassen & Witchcamps

„Wir wissen, dass jede/r die lebensverändernde, welterneuernde Arbeit der Magie tun kann, die Kunst, Bewusstsein willentlich zu verändern. Wir bemühen uns, in einer Weise zu unterrichten und zu praktizieren, die persönliche und kollektive Kräfte und Fähigkeiten fördert und die zeigt, wie Macht aufgeteilt werden kann und der Zugang zu Führungsrollen für alle gleichermaßen offensteht."

„Wir bemühen uns um die leichte Zugänglichkeit und Geschütztheit unserer öffentlichen Rituale und Veranstaltungen. Wir versuchen, die nötige gerechte Bezahlung unserer Arbeit in Einklang zu bringen mit unserem Einsatz dafür, dass Menschen aller Einkommensstufen dazu Zugang haben sollen."

In Reclaiming gibt es die sogenannten Kernklassen. In ihnen werden Reclaimer*innen die Mittel und Werkzeuge an die Hand gegeben, um selbst alle Rollen innerhalb der Gemeinschaft übernehmen zu können. Die fünf Kernklassen werden, wenn möglich, durch zwei Lehrer*innen geleitet, um die Entwicklung von Hierarchien und Schulen innerhalb der Gemeinschaft zu vermeiden.

In „Elemente der Magie" geht es um das magische Basiswissen: Erden, Reinigung, Anrufungen, die Elemente, der Schutzkreis und Ritualgestaltung. Es geht darum, Fragen zu stellen, sich auszutauschen, Ritualerfahrung zu sammeln und zu vertiefen.

Elemente der Magie

Die Pentagrammarbeit ist eine der Grundlagen der transformatorischen Reclaiming-Magie. Das „Eisen-Pentagramm" beschäftigt sich mit essentiellen Lebensthemen: Sex (Lebenskraft/-energie) – Stolz – Selbst – Macht – Leidenschaft.

Eisen-Pentagramm

Perlen-Pentagramm

Das „Perlen-Pentagramm" beschäftigt sich mit den Beziehungen zur Gemeinschaft und uns selbst. Die Punkte des Perlen-Pentagramms sind: Liebe – Gesetz – Wissen – Freiheit – Weisheit.

Riten des Übergangs

Die „Riten des Übergangs" beschäftigen sich mit einer Vertiefung der Fähigkeit Rituale zu gestalten; es geht um Traum, Mythos und Sprache.

Gemeinschafts-bildung

In „Gemeinschaftsbildung" geht es um die Kunst, eine gleiche, sichere, nachhaltige und freie Gemeinschaft zu schaffen und zu halten. Techniken, die im Unterricht eingesetzt werden, reichen von Meditation und Trance, über Musik, Kunst, Theater und dem Erzählen unserer Geschichten, über Release-Techniken und Traumarbeit bis zum Feiern von Ritualen.

Neben den Kernklassen gibt es die Witchcamps, in denen meist eine Woche lang durch Lehrer*innen geleitete intensive Ritualarbeit und Magie stattfindet. Diese wird oft um einen Mythos oder eine Geschichte herum gewirkt, die gemeinsam betrachtet, dekonstruiert und auf aktuell und persönlich relevante Zusammenhänge angewendet werden kann. Diese eine Woche Magie ist für die (aller)meisten Menschen zutiefst berührend und sehr transformierend.

Reclaiming ist eine Tradition, die ihre Lehrer*innen dadurch ehrt, dass sie meist einen Energieausgleich in Form von Bezahlung für all die langen Jahre des Lernens, die vielen Stunden der Vorbereitung und die tiefe Begleitung gibt. Reclaimings gemeinschaftliches und solidarisches Handeln macht es für uns selbstverständlich, daß niemand von einer Veranstaltung ausgeschlossen sein soll, weil sie*er sich die Teilnahme nicht leisten kann. Ein gestaffelter Preis (Gleitskala) zielt darauf ab, dass die, die mehr verdienen, freiwillig einen höheren Beitrag leisten, damit die, denen es finanziell schlechter geht, auch Teilhabe an der Gemeinschaft haben können.

9. Politik und Spiritualität

„Frieden und gewaltfreies Handeln sind hohe Werte für uns, in Übereinstimmung mit der Regel: ‚Schade niemandem und tu was Du willst'. Wir setzen uns für jede Art von Gerechtigkeit ein: in Bezug auf die Umwelt, die Gesellschaft, die Politik, die Herkunft, die Geschlechter und die Wirtschaft.
Zu unserem Feminismus gehört eine radikale Machtanalyse, die erkennt, dass alle Unterdrückungssysteme miteinander verflochten sind und ihre Wurzeln in Herrschafts- und Kontrollstrukturen haben."

Wir sehen die große Göttin als immanent und damit die Erde als heilig an. Es ist daher nur folgerichtig, dass wir uns für sie einsetzen. Die Flüsse sollen sauber fließen, die Luft soll rein bleiben, die Erde unversehrt. Wir erkennen auch das Göttliche in uns und all unseren Mitmenschen. Wir selbst und jede*r einzelne von uns verdient es daher, dass wir gesund in einer intakten Umwelt und gerechten, offenen und freien Gesellschaft leben. Und das bedeutet, wir träumen nicht nur von einer besseren Welt, wir gestalten sie aktiv mit. Wir verehren die Natur als Ausdruck des Göttlichen. Daher kämpfen wir für ihren Erhalt und ihre Heilung! Wir sehen das Heilige im Menschen und setzen uns für mehr Gerechtigkeit ein! Wir bedenken

in unserem alltäglichen Handeln die Konsequenzen unseres Tuns. Spiritualität und Alltag sind nicht voneinander getrennt.

Reclaiming ist eine Tradition der erdbasierten Spiritualität, die alle Erscheinungsformen des Mysteriums ehrt. Da die Tradition ihre Wurzeln auch im Feminismus hat, findet die Göttin eine besondere Anerkennung. Wir erkennen die Ungerechtigkeit, die in der patriarchalen Gesellschaft herrscht und stellen uns ihr entgegen. Wir erträumen eine gerechte und gewaltlose Gesellschaft und leben sie, wo wir können.
In unserer Gemeinschaft herrscht Offenheit und Aufgeschlossenheit, wobei stets Fragen begrüßt werden und eine kritische Haltung allen Machtsystemen gegenüber vorherrscht. Vor diesem Hintergrund organisieren wir uns nicht hierarchisch, sondern anarchistisch und treffen alle wichtigen Entscheidungen konsensbasiert. Dies bestimmt direkt auch unsere Magie, beides kann nicht getrennt werden.

Reclaiming ist eine Tradition, die sich stetig weiterentwickelt. Dadurch kann sie relevant und aktuell bleiben und auch auf die gesellschaftliche und politische Situation reagieren.

Eine kurze Einführung zur Gewaltfreiheit bei Aktionen (in englischer Sprache) findest du hier im Archiv von Reclaiming Quarterly: https://directactionnovel.files.wordpress.com/2017/11/lag-handbk-hauser.pdf

Es gehört zu den Tugenden einer*s Reclaimer*in, sich nach den jeweiligen Möglichkeiten aktiv in die (Gesellschafts-)Politik einzubringen, sei es durch Teilnahme an Demonstrationen, Sammeln von Unterschriften oder Übernahme von Verantwortung in Gremien und Parteien. Wir verbinden in unserem Handeln und daher auch in unserer Magie Spiritualität und Politik.

Die Proteste, an denen wir uns beteiligen oder die wir organisieren, sind immer gewaltfrei.

10. Reclaiming ist eine eklektische Tradition

„Unsere vielfältigen Praktiken und Erfahrungen des Göttlichen wirken ein Gewebe aus vielen verschiedenen Fäden."

Wir glauben, dass das göttliche Mysterium zu groß ist, um es in seiner Gesamtheit zu erfassen. Daher spricht es zu uns Menschen in den verschiedensten Bildern und Gestalten. In unseren Workshops und Witchcamps suchen wir uns Geschichten, mit denen wir arbeiten, die aus Märchen, Sagen und Mythen rund um den Erdball stammen. Es kommt nicht darauf an, ob wir Thor um Beistand anrufen, Isis ein Opfer darbringen oder zu Ganesha beten; jede dieser Erfahrungen mit dem Göttlichen bringt uns dem Mysterium näher und lässt uns durch das Erleben und die Erfahrung innerlich wachsen und heilen.

Als eklektisch bezeichnen wir unsere Tradition, weil wir uns bei verschiedenen Systemen (z.B. Mythen und dem Pantheon verschiedenster Kulturen, der Hexenkunst, dem Schamanismus, der Zeremonialmagie, aber auch psychologischer und pädagogischer Techniken oder kulturellen Praktiken wie z.B. dem Theater der Unterdrückten) bedienen und deren Elemente neu zusammensetzen. Wir lassen alles in unsere magische und rituelle Arbeit einfließen, was wir als nützlich und schön erachten, und weben daraus etwas Neues und individuell zu uns selbst Passendes.
Dabei achten wir sehr darauf, dass wir keine kulturelle Aneignung betreiben. Der Begriff der kulturellen Aneignung (cultural appropiation) stammt in dem Sinne, wie wir ihn hier verwenden, aus der US-amerikanischen Critical-Whiteness-Bewegung. Es ist uns wichtig, dass wir über die Macht- und Diskriminierungsverhältnisse, auf deren Grundlage traditionelle Gegenstände oder eben auch Riten, Lieder, Bräuche, Geschichten verschiedener Ethnien einfach benutzt

werden, reflektieren. Diese Form kultureller Aneignung ist kritisch zu sehen, da die betroffenen
Kulturen auf diese Weise weiter ausgebeutet werden
können. Wir geben uns daher große Mühe, uns nicht
etwa einfach zu „bedienen", sondern einen sehr res-
pektvollen Umgang mit dem „Geborgten" zu pflegen,
immer klar die Quellen zu benennen und unseren
Dank auszudrücken. Dabei sind wir meist pragmatisch:
Arbeiten wir mit Mythen der Sioux, können wir z.B.
direkt an die Clean Water Campaign spenden; es gibt
jedoch keine Menschen mehr, für die die römische
Flora noch eine Göttin der lebenden Kultur ist, eine
Spende und/oder Mitarbeit in einem Verein, der die
Artenvielfalt von alten Nutzpflanzen erhält, wäre daher
ein angemessener Dank.

Du bist deine eigene höchste spirituelle Autorität!

In Reclaiming macht es keinen Unterschied, ob du
deinen Altar nach Osten oder nach Norden auszurich-
test, ob du ein Athame oder deinen Finger zum Ziehen
des Kreises verwendest oder mit welchen Gottheiten
du Umgang pflegst. Wir glauben, dass Magie aus der
inneren Überzeugung kommt und so die Mittel am
effektivsten sind, denen du aus vollem Herzen ver-
traust. Reclaiming ist keine dogmatische Bewegung.
In den Kernklassen kannst du all das Handwerkszeug
lernen, das du brauchst, und in den Witchcamps und
Workshops, die angeboten werden, kannst du dieses
Wissen und dein Können verfeinern und vertiefen. In
Reclaiming hinterfragen wir auch uns und unsere Art,
die Dinge zu machen, stets aufs Neue. Aus der Vielfalt
folgt immer auch eine Flexibilität und die Neugier
auf neue und andere Wege. Und du bist deine eigene
höchste spirituelle Autorität!

11. Was macht Reclaiming aus? Was macht unsere Tradition zu etwas Besonderem?

„Die Werte der Reclaiming-Tradition gründen sich in unserer Auffassung, dass die Erde lebendig ist und dass alles Leben heilig und miteinander verbunden ist. Wir betrachten die Göttin als immanent in den Kreisläufen der Erde, die aus Geburt, Wachstum, Tod, Verfall und Wiedergeburt bestehen. Unsere Praxis entspringt einer tiefen spirituellen Verpflichtung gegenüber der Erde, der Heilung und der Verbindung von Magie mit politischem Handeln."

„Wir arbeiten dafür, Gemeinschaften und Kulturen zu schaffen und zu erhalten, die unsere Werte verkörpern und die helfen können, die Wunden der Erde und ihrer Völker zu heilen und so eine nachhaltige Lebensgrundlage für uns selbst und zukünftige Generationen zu bilden."

Reclaiming ist eine von vielen Traditionen innerhalb der neuheidnischen Hexenkulte. Wie die meisten ist auch Reclaiming eine orale Tradition, aber es ist auch eine internationale Bewegung. Menschen auf der ganzen Welt bekennen sich dazu, diesem Pfad zu folgen. Die Verbindung von Spiritualität, Magie und Politik und die Alkohol- und Drogenfreiheit der Veranstaltungen gibt es in dieser Weise unseres Wissens nach kein zweites Mal.

Wir können es versuchen, es zu einem Satz zu verdichten: Reclaiming ist die Kombination aus anarchistischer, konsensorientierter Organisation, Politik, Spiritualität und Magie. Oder: Reclaiming ist eine erdbasierte Spiritualität, die aus der erlebten Erkenntnis, dass die Welt die immanente Göttin ist, einen ethischen Imperativ und politisches Handeln ableitet.

Diese Sätze sind schön, aber wieder können sie nur auf einer theoretischen Ebene ausdrücken, worum es geht. Praktisch erfahren lässt es sich nur durch das Erleben in der Gemeinschaft.

Also: Schaffe, gestalte und unterstütze deine eigene (lokale) Gemeinschaft!

12. Das kleine Regelbuch des Check-in

❏ Ein Check-in gilt der Vorbereitung einer gemeinsamen Runde oder zum Einschätzen der Situation,
wenn sich etwas seltsam anfühlt.
Wir wollen die Informationen über uns und unsere
aktuellen Verfassung mitteilen, die es den anderen TeilnehmerInnen später ermöglichen, unsere
Beiträge besser einzuordnen.

❏ Jede*r spricht für sich selbst, über die eigenen
Gedanken, Erlebnisse und Gefühle.

❏ Häufig ist die Zeit begrenzt. Es ist also nett, alles
Wichtige mitzuteilen, sich dabei aber recht kurz zu
fassen.

❏ Die anderen Teilnehmer*innen schenken der*dem
Redenden ihre volle Aufmerksamkeit, damit sie*er
sich und ihre*seine Gefühle „gesehen" fühlt

❏ Jede*r Teilnehmer*in kommt zu Wort, häufig einfach im Kreis herum, wobei die*der erste am Ende
oft nochmal reden darf. Wenn jemand gerade
wirklich gar nichts teilen möchte, dann kann man
‚Passe' oder ähnliches sagen und weitergeben.

❏ Jeder Beitrag wird vollständig angehört ohne un-
terbrochen zu werden. Wenn die*der Sprechende
das Gefühl hat alles Notwendige gesagt zu haben,
dann sagt sie*er „Check" und die nächste ist an der
Reihe.

❏ Während der Check-in-Runde wird nicht kommentiert oder inhaltlich auf die Beiträge eingegangen.
Die einzige Ausnahme sind Verständnisfragen, die
man direkt nach einem Beitrag stellen kann, z.B.
wenn eine Abkürzung erwähnt wurde, die man
nicht kannte, die aber zum Verständnis wichtig
erscheint.

❏ Hat ein Beitrag ein Thema berührt, zu dem man
sehr gerne etwas sagen möchte, kann man später
gerne die*den Betreffende*n alleine fragen, ob sie
offen für Fragen oder Feedback ist. Wenn man
das tut, muss man aber auch mit einem „Nein" als
Antwort leben können

13. Kriterien für nachhaltige Kritik

Nachhaltige Kritik hilft uns zu erkennen, ob unsere Intentionen deutlich vermittelt wurden. Sie hilft uns zu erkennen, was funktionierte, was nicht funktionierte und den Grund dafür zu verstehen. Wir können Feedback zu Ritualen, Moderationen aber auch einzelnen Beiträgen in einer Diskussion geben.

Diese Zusammenfassung ist angelehnt an einen ausführlicheren Text von Donald L. Engstrom-Reese.

Nachhaltige Kritik...:
I. ...wird mit Erlaubnis gegeben
Es ist immer gut und höflich, eine Person zu fragen, ob sie an einem Feedback oder einer Kritik Interesse hat. Wenn man Kommentare anbietet, kann man aber kein automatisches „Ja" erwarten. Es liegt allein bei der gefragten Person, dich zu einer Kritik zu ermutigen. Es steht Ihnen völlig frei, „Nein, Danke", „Danke", „Nicht jetzt", „Vielleicht später" oder „Ja, bitte" zu sagen.

II. ... spricht nur für einen selbst
Sprich für dich selbst, nicht für die ganze Gruppe oder für Leute, die nicht genannt werden möchten. Welche Erfahrungen hattest du? Welche Auffassungen kannst du teilen?

III. ... wird rechtzeitig gegeben
Es ist meist äußerst hilfreich und produktiv, Kritik rechtzeitig zu geben. Solange man nicht eindeutig darum gebeten wurde, ist es rücksichtsvoll, keine Kritik für mindestens 24h nach einer Moderation/Vermittlertätigkeit, einem Ritual, einer Unterrichtseinheit usw. zu geben. Es ist etwas Gutes, den Leuten direkt nach einer Präsentation für ihre Arbeit zu danken und dann die Leute erst einmal nach getaner Arbeit zur Ruhe kommen zu lassen. Auf der andern Seite ist es nicht hilfreich, zu lange zu warten. Wenn man Monate

später etwas bespricht, mag es schon für die Leute zu
lange zurück liegen, als das man sich noch erinnern
könnte, was genau geschehen ist.

IV. ... ist eindeutig und klar

Sei eindeutig und klar, wenn du Kritik gibst. Es ist
großartig, wenn du sagst, dass du etwas als stark und
bewegend empfunden hast, erzähle dann aber auch,
warum du es eben so erlebt hast. Was genau hat dich
berührt? Was konntest du für dich mitnehmen? Es
ist auch in Ordnung zu sagen, wenn etwas für dich
einfach nicht so lief, denke jedoch daran, so genau wie
möglich zu erklären, warum es für dich nicht funktioniert hat.

V. ... richtet sich auf etwas aus, was tatsächlich ver-ändert werden kann

Beim Kritisieren solltest du daran denken, dich auf
Dinge zu beschränken, die auch tatsächlich von deinem Gegenüber geändert werden können. Bevor man
etwa den Kommentar abgibt, dass es draußen viel zu
kalt für eine Wintersonnenwendfeier gewesen sei und
anschließend die Organisatoren danach fragt, warum sie kein wärmeres Wetter bereit gestellt hätten,
geziemt es sich wohl, sich selbst vor der Teilnahme
an solchen Ritualen z.B. zu fragen: Komme ich mit
der Temperatur zurecht? Weiß ich, wie ich mich bei
kaltem Wetter kleiden sollte?
Hilfreiche Kritik könnte so etwas sein, wie: „Es wäre
schön gewesen, hätte man noch einmal daran erin-
nert, warme Sachen anzuziehen und Holz für das heilige Festfeuer mitzubringen, damit es uns hätte helfen
können, warm zu bleiben."

VI. ... ist darauf ausgerichtet, die Arbeit zu bereichern und zu unterstützen

Vielleicht ist es am allerwichtigsten für nachhaltige
Kritik ist, stets Informationen weiterzugeben, die
die Arbeit bereichern und unterstützen. Hier geht es

darum unsere Fähigkeiten weiter auszubauen, sie zu verfeinern. Es geht nicht darum, unsere Arbeit zu zerfetzen. Wenn man sich um nachhaltige Kritik bemüht, dann ist es essentiell, alle die Anlagen, die Eifersüchteleien, Konkurrenzgedanken und andere Unsicherheiten zur Seite zu räumen. Es geht bei nachhaltiger Kritik darum, den klarsten Ausdruck deines authentischen Selbst hervorzubringen und es zu wagen, mit Leidenschaft und Klarheit zu kommentieren, was du auch immer erlebt hast.

VII. Dieser Prozess ist wechselseitig. Es ist notwendig daran zu denken, dass wir uns selbst für Kritik öffnen, wenn wir Kritik geben.

14. Vereinbarungen zur gemeinsamen Kommunikation

Wenn wir Treffen abhalten, z. B. um ein Ritual zu planen oder zu bestimmten Themen ist es hilfreich verschiedene Vereinbarungen vorab abzusprechen. Dazu gehören in normalerweise folgende Punkte:

Vertraulichkeit: Was in diesem Kreis gesprochen wird, wird nur nach Verabredung nach außen getragen. Es werden dabei keine Namen genannt, um Schwierigkeiten in der Alltagswelt zu vermeiden z.B. mit dem Arbeitgeber.

Wohlwollen: Wir wollen alle im Herzen behalten, dass hier alle das Beste wollen und das Beste geben.

Jede*r ist ihre*seine eigene Autorität: Wir müssen nicht in jedem Punkt miteinander übereinstimmen um miteinander arbeiten zu können

Selfcare: Jede*r passt darauf auf, dass es ihr*ihm gut geht und sie sich die Möglichkeiten schafft, konstruktiv mitzudiskutieren. Dazu gehört z.B. mitzuteilen, wenn ich etwas nicht verstehe, weil mir Informationen fehlen oder ich etwas nicht hören kann. Auch werde ich z.B. sehr ungeduldig, wenn ich hungrig werde. Es ist vollkommen okay die Runde kurz zu verlassen, um sich um die eigenen Bedürfnisse zu kümmern.

Ich-Sätze: Wir sprechen in der Ich-Form über unser eigenes Empfinden. „Ich finde, dass Ihr alle blöd seid" gilt dabei nicht als Ich-Satz, aber „Ich fühle mich gerade unwohl, weil... konkretes Geschehen..." schon.

Einander ausreden lassen

Pausen zwischen Beiträgen sind toll! Wir müssen nicht jede Pause füllen. Das gibt Zeit zu überlegen, und ermöglicht auch stilleren Genossen einen Wortbeitrag.

Die Kommunistische Torte: Wir achten alle auf die Zeit, und ermöglichen es möglichst vielen einen Beitrag einzubringen.

Dazu gehört:

Twinklen beschreibt die Geste beide Hände zu heben und mit den Fingern zu wackeln – ähnlich wie Applaus in der Gebärdensprache.

- Wir versuchen uns kurz zu fassen.
- Wir überlegen, ob unser Beitrag tatsächlich etwas Neues und Wichtiges zur Diskussion hinzufügt.
- Wenn wir zustimmen möchten, können wir einfach Twinklen statt das Gesagte zu wiederholen.

15. Konsensprozess, kurz und knackig

Eine ganz kurze Einführung in den Konsensprozess in der Reclaiming-Tradition
Die Entscheidungsfindung in Reclaiming ist gekennzeichnet von dem Willen, alle Stimmen zu hören und allen Stimmen gerecht zu werden. Gemeinhin wird dieser Prozess als **Konsens** bezeichnet. Prozess, weil es eine fortschreitende Handlung ist, keine einmalige Angelegenheit.

Damit Konsens funktionieren kann, muss dieser Prozess gewisse Voraussetzungen erfüllen. Scheitern Konsensverhandlungen, liegt es meist daran, dass diese Voraussetzungen nicht gegeben waren.

Wie in „Kommunikationsregeln" und „Nachhaltige Kritik" näher beschrieben, ist es nötig, dass die an der Diskussion Beteiligten den Prozess und sich gegenseitig respektieren. Wer keinen Konsens erlangen will, kann auch keine auf Konsens basierende Entscheidung herbeiführen. Auch von außen auf die Gruppe ausgeübter Druck kann den Prozess sabotieren.

Beim Konsensprozess soll jede*r gehört werden, aber niemand bekommt genau das, was sie*er will ("Everybody has their say, but no one gets their way").

- Das angestrebte Ergebnis ist ein für alle zufriedenstellender Kompromiss.
- Die Gruppe, die mit Konsens arbeiten will, muss sich in ihren zu Grunde liegenden Werten einig sein. Das sind in Reclaiming die PdE, aber trotzdem ist es oft sinnvoll, die verschiedenen Vorstellungen im Vorfeld noch einmal zu benennen.
- Es muss klar sein, über was genau diskutiert wird.
- Es macht auch Sinn, sich vorher zu überlegen, wie viel Zeit für einen bestimmten Punkt zur Verfügung stehen soll.

- Bei größeren Entscheidungen ist es oft sinnvoll, Arbeitsgruppen zu bilden, die z.B. Formulierungen vorbereiten und der Gesamtgruppe Arbeit abnehmen.

Der Konsensprozess sollte von einem*r Moderator*in geleitet werden. Diese Person verzichtet für die Zeit der Moderation auf die Teilnahme an der Diskussion. Die*der Moderator*in achtet unter anderen darauf, dass die Diskussion beim Thema bleibt, alle die Möglichkeit haben, ausreichend zu Wort zu kommen, und fasst den Stand der Unterhaltung zusammen. Sie stellt am Ende auch das Erreichen oder Nicht-Erreichen eines Konsens fest.

Auch wenn es im Konsens gerade keine Mehrheitsentscheidungen gibt, kann es sinnvoll sein, Stimmungsbilder zu erstellen: Wie viele Leute sind über einen bestimmten Vorschlag begeistert? Wie viele haben Sorgen oder Fragen dazu? Wie viele würden sich enthalten? Wie viele blockieren?

Dazu kommt eine Redeleitung, die im Auge behält, wer noch sprechen wollte, bzw. wer schon sehr viel oder noch gar nicht gesprochen hat, und entsprechend Rederecht erteilt, und eine, die auf die Einhaltung der Zeit achtet (Time Keeper).

Je nach Gruppe und Thema kann es sinnvoll sein, noch einen Vibes Watcher zu haben, der*die auf die Emotionen und den Energielevel im Raum achtet.

Wenn die Diskussion entsprechend fortgeschritten ist, fasst die*der Moderator*in den Stand des Prozesses zusammen und stellt diesen zur Abstimmung.

Es kann entweder zugestimmt, sich enthalten oder blockiert werden.

- Zustimmung: alle sind glücklich und stimmen zu.
- Enthaltung: Wenn sich in einer Gruppe eine signifikante Menge Mitglieder enthalten, ist zu überlegen, warum das so ist, und ob das Thema nicht besser weiter besprochen wird. Entscheidungen, die von einem großen Teil der Gruppe nicht enthusiastisch getragen werden, sind meist nicht durchsetzbar.
- Block: In Reclaiming hat sich mit den Jahren die Erkenntnis durchgesetzt, dass oft nicht alle glücklich zu machen sind, darum wird meist das Prinzip Block minus eins angewandt: Es muss mehr als eine Person blockieren, damit der Block zur Anwendung kommt. Wenn eine Entscheidung blockiert ist, bedeutet das, dass eine (oder mehr) Personen solche Bauchschmerzen damit haben, dass sie sich nicht mit gutem Gewissen enthalten können. Das bedeutet aber auch, dass sie bereit sein müssen zu erklären, warum sie genau dieses Ergebnis blockieren beziehungsweise was ihnen als Kompromiss oder Alternative vorschwebt. Alternativen sollten natürlich auch von den anderen eingebracht werden. Ein Block ohne weitere Erklärung ist nicht zulässig. In der Realität kommen echte Blocks sehr selten vor. Normalerweise sind Bedenken, die zu Blocks führen können, schon vorher diskutiert und hoffentlich ausgeräumt worden.

Nicht jeder Konsensprozess endet mit einer Entscheidung. Es ist besser, eine Entscheidung zu vertagen, als sie übers Knie zu brechen. Konsensprozesse brauchen Zeit und die meinen wir heute oft nicht zu haben. Konsens ist die willentliche Entscheidung, sich auf die andere Person einzulassen und eine gemeinsame Lösung zu suchen.

Kapitel 2

Tipps zur Organisation

1. Prüfe deine Motivation und deine Ressourcen
2. Leute finden
3. Leute binden
4. Location finden
5. Zeit
6. Gruppenarten und -strukturen
7. Soziale Permakultur
8. Herausforderungen

Tipps zur Organisation

1. Prüfe deine Motivation und deine Ressourcen

Kläre für dich, was deine ureigene Motivation zum Gründen einer Reclaiming-Gemeinschaft ist. Hinterfrage diese Motivation in regelmäßigen Abständen. Mache eine Bestandsaufnahme deiner persönlichen Ressourcen. Wieviel Zeit, Energie, Geld... willst und kannst du für diese Gemeinschaft aufwenden? Wo schöpfst du Kraft und wo bekommst du Unterstützung? Ist dein Umfeld (Familie, Partnerschaften, Kreis von Freund*innen...) bereit dich bei der Gründung der Reclaiming-Gemeinschaft zu unterstützen oder den zeitlichen, finanziellen und energetischen Aufwand, den ein solches Engagement mit sich bringt, mitzutragen oder zu respektieren? Wie offen kannst du an deinem Wohnort und in deinem Beruf mit deinem Engagement für die Reclaiming-Gemeinschaft umgehen? Sei sanft und liebevoll mit dir selbst und den Menschen, die mit dir eine Gemeinschaft aufbauen. Entwickle und pflege Strategien der Selbstfürsorge und suche die Unterstützung von Verbündeten: Menschen, den Ahn*innen, Geistern und Gottheiten...

2. Leute finden

Menschen, die sich für eine Reclaiminggemeinschaft interessieren, kannst du auf verschiedene Weise finden. Unsere Erfahrungen zeigen, dass die nachhaltigsten Kontakte aus Begegnungen in anderen Gruppen mit themenverwandten Schwerpunkten (zum Beispiel Meditation, Yoga, schamanisches Trommeln, feministische Gruppen, solidarische Landwirtschaft o.Ä.) herrühren. Das bedeutet nun nicht, dass du verschiedene Gruppen regelrecht infiltrieren sollst, um dort die Mitglieder abzuwerben. Das Interesse an dem, was diese Gruppe dir anbietet, sollte echt sein. Das ist auch eine Frage des Respekts (dazu mehr in Kapitel 1 „Was macht Reclaiming aus?").

Wenn du aber noch gar keine Menschen in deiner Umgebung kennst, die sich für eine alternative Spiritualität interessieren, kann eine solche Gruppe ein toller erster Anlaufpunkt für eine entstehende Reclaiming-Gemeinschaft sein. Vielleicht sind diese Gruppen bei höflicher Nachfrage auch einverstanden, wenn du deine (entstehende) Gruppe offen vorstellst, sei es in Form eines Gastvortrags oder durch Auslage von Infomaterial, wie den (selbst gestalteten) Flyer. Um Menschen zu begegnen, braucht es offene und aufrichtige Kommunikation. Dazu gehört auch, klar zu benennen, was für eine Art von Gruppe dir vorschwebt (siehe dazu Abschnitt 5).

Neben den bestehenden Gruppen in deiner Umgebung gibt es vielleicht auch Gruppen in sozialen Medien, die sich mit ähnlichen Themen befassen. du wärst überrascht, wie viele Hexen sich über diesen etwas unpersönlich erscheinenden Weg gefunden haben. Die Vorteile einer Kommunikation über das Internet sind die Anonymität und die damit verbundene Unverbindlichkeit. Das kann zugleich ein Risikofaktor sein, denn hier fällt es leichter, leere Versprechungen zu machen oder ohne Vorwarnung plötzlich abzutauchen und nicht mehr wiederzukommen. Auch die Gefahr von Störenfrieden (sogenannten „Trollen") ist gegeben. Zugleich ist die Anonymität aber auch ein großer Vorteil, denn sie senkt die Hemmschwelle für eine erste Kontaktaufnahme erheblich. Zudem lässt sich das Internet auch bei Zeitmangel oder bei großer Entfernung zueinander bequem von zu Hause aus erforschen und nutzen. Gerade, wenn du erkennst, dass sich jemand für die gleichen Themen interessiert, lohnt es sich nach unserer Erfahrung, die Person direkt anzuschreiben und auch mal zu einem Ritual oder erst mal auf einen unverbindlichen Kaffee einzuladen. Belasse es nicht bei bloßem Kontakt in einem Forum oder einer Kommentarspalte!

Wenn es in deiner Umgebung (noch) keine themenverwandten Gruppen gibt oder du dich dort nicht einbringen magst, bleibt dir die Möglichkeit, ganz neu auf die Bewohner*innen deiner Umgebung zuzugehen. Bei dieser Form der Kontaktaufnahme musst du dich insbesondere auf frustrierende Erlebnisse einstellen, weil viele Menschen eine Abwehrhaltung einnehmen werden. Vielleicht kennst du diesen Reflex bei dir selbst aus Begegnungen in der Fußgängerzone auch? Lass dich nicht entmutigen! Vergleiche deine Versuche mit dem Auswerfen eines Netzes: Es gehen dir viele Fische durch die Maschen, aber die, die du einfängst, sind dafür umso größer (mehr Tipps zum Durchhalten findest du in Abschnitt 7)!

Wie du auf (unvorbereitete) Menschen zugehen möchtest, musst du anhand deiner Persönlichkeit entscheiden. Manchen liegt es eben, in der Stadt Passanten anzusprechen und ihnen einen Flyer in die Hand zu drücken, manchen fällt das hingegen besonders schwer.

Hier sind einige Anregungen für dich, auf welche Weise du über deine (neue) Gruppe informieren kannst:

- Nutze die Informationskanäle, die es in der deutschsprachigen Reclaiming-Gemeinschaft schon gibt: auf der Website, dem Forum, der Facebook-Gruppe (www.facebook.com/groups/1376530719312589) und der Spiraltanz-Mailingliste können sich lokale Gemeinschaften vorstellen.

  www.reclaiming.de

  www.reclaiming-forum.de

- Verteile Hinweise und Informationen, wenn du Reclaiming-Camps oder -Workshops besuchst, und sprich dort gezielt Menschen aus deiner Nähe an.
- Auslegen und Aushängen von Flyern/Plakaten in Esoterik-Läden, Reformhäusern, Biomärkten, Heilpraktiker*innen, Umweltschutzgruppen, Tierheimen, Buchhandlungen (immer vorher persönlich vorstellen und fragen!)
- Verteilen von Infomaterial in der Stadt/im nächsten größeren Ort (ohne Genehmigung möglich)
- Informationsstand auf Dorf- und Stadtteilfesten oder Aushang im Gemeindeschaukasten (Genehmigung beantragen!)
- Anzeigen in der Regionalzeitung
- Einträge in Online-Eventdatenbanken für deine Region (z.B. www.allevents.in)
- Eine spezifische Facebookgruppe/-seite erstellen
- In einschlägigen Foren nach Gleichgesinnten in deiner Region suchen (sogenannte Postleitzahlensuche)
- Einen Blog über deine Gruppe bzw. dich und deine Erfahrungen schreiben
- Einen Vlog bei Youtube pflegen

Auch wenn du keine große Medienaffinität hast und glaubst, ohne eine Präsenz im Internet auszukommen, solltest du bedenken, dass Menschen, die sich auf die Suche nach einer neuen Art der Spiritualität begeben, sehr häufig zuerst im Internet nach Anregungen oder Gruppen suchen. Das gilt umso mehr für junge Menschen. Es ist daher von Vorteil, wenn du

den Suchmaschinen für den Fall, dass jemand nach Reclaiming vor Ort sucht, auch etwas zum Anzeigen gibst und es wenigstens eine E-Mailadresse oder Telefonnummer gibt, die Interessent*innen nutzen können. Ein Blog oder eine Website kann man einfach und kostenlos erstellen.

3. Leute binden

Du hast es geschafft und hast eine oder mehrere Personen erreicht, die sich für Reclaiming interessieren. Wie gestaltest du nun das Treffen? Wie informierst du ansprechend über das Thema und wie begeisterst du diese Menschen für Reclaiming, damit sie gerne wiederkommen? Hier findest du einige Tipps aus unseren Erfahrungen:

Gebt den Treffen Struktur!
Es fällt uns allen leichter, uns auf eine unbekannte Situation einzulassen, wenn wir einschätzen können, was uns erwartet. Es ist daher von Vorteil, wenn das Treffen (egal, ob es sich um eine Arbeitsgruppe, einen Stammtisch oder ein Ritual handelt) strukturiert ist und diese Struktur auch in der Einladung bzw. der Ankündigung offengelegt wird. Ein Thema gibt den Treffen nicht nur einen inhaltlichen Rahmen, es regt zugleich die Fantasie der Teilnehmenden an. Ein solches Thema reicht von „Gemeinsam wollen wir über Farbenlehre sprechen." über „Ein*e jede*r von uns bringt ein Buch zum Thema mit und stellt es kurz vor." bis zu einer ausformulierten Tagesordnung, wie man sie aus Vereinssitzungen kennt.

Zu einer geordneten Struktur gehört auch, dass jemand durch die Veranstaltung führt und ggf. den Fokus wieder auf das Thema lenkt. Sicher kennt ihr auch Talkshows, in denen alle durcheinander reden, Einzelne gar nicht zu Wort kommen und die Diskutierenden letztlich vom Thema abkommen. Die Verantwortung für solch eine Moderation liegt wahrscheinlich zunächst bei dir selbst, weil du das Treffen organisiert hast. Im Reclaiming gibt es aber keine Hierarchien oder feste Strukturen (siehe Kapitel 1 „Was macht Reclaiming aus?"). Aufgaben und Machtpositionen sollen wechseln. Dabei gibt es unterschiedliche Stärken und Schwächen oder auch Rollen, die sich im Laufe der Zeit herauskristallisieren können (siehe dazu Abschnitt 5).

Eine Möglichkeit, neue Mitglieder zu aktivieren, ist es, sie in die Organisation einzubinden. Auch wenn es nur die Aufgabe ist, den Ort für das nächste Treffen auszusuchen und zum Beispiel einen Tisch zu reservieren. Jeder Beitrag ist wichtig.

Lasst bei aller Struktur aber nicht zu, dass sie euch kontrolliert. Manchmal entwickelt sich ganz natürlich ein anderes Gespräch, das die Teilnehmer*innen mehr interessiert. Dann könnt Ihr das ursprüngliche Thema immer noch mal an einem anderen Tag besprechen. Stellt klar und holt euch den Konsens der Gruppe, dass ihr das Thema wechseln wollt!

Lass die Teilnehmer*innen sich kennenlernen!
Die Treffen sollen eine Gemeinschaft begründen und daher ist das Zwischenmenschliche wichtiger als jeder Inhalt. Sobald jemand Neues hinzukommt, ist eine Vorstellungsrunde sinnvoll. Manchmal ist es auch empfehlenswert für länger bestehende Gruppen, eine Vorstellungsrunde zu wiederholen (vielleicht mit anderen Fragestellungen). Schließlich ändern sich unsere Leben ständig. Solche Runden müssen nicht langweilig sein. Ihr könnt sie auflockern, zum Beispiel indem jede*r eine Tarotkarte zieht (Alternative: Bildkarten in der Mitte des Tisches, aus denen ausgesucht werden kann) und etwas über sich und die Karte erzählt oder indem andere Informationen als die üblichen Verdächtigen (Alter, Beruf etc.) geteilt werden (z.B. „Welche Farbe assoziierst du mit dem Begriff Freiheit?"). Das hilft zugleich, Klischees zu überwinden und weckt Interesse an den Anderen.

Setzt aber niemanden unter Druck! Ein*e jede*r kann teilen, was er*sie möchte.

Bietet Alternativen an!
Nicht jede*r Teilnehmer*in hat vielleicht Interesse an dem gerade besprochenen Thema. Manchmal sind auch nur sehr wenige (oder zu viele) Personen erschienen, um den Zweck des Treffens zu erfüllen oder es gibt eine längere Pause. Sorgt daher für Alternativen! Das reicht von der klassischen Unterbrechung durch Essen und Trinken (Der Ausdruck „sich am Glas festhalten" auf einer fremden Party kommt nicht von ungefähr!), über ausgelegte Bücher und Zeitschriften bis zu Runenstäben und anderen Anschauungsmaterialien. Das hat zudem den Vorteil, dass du, falls du noch alleine bist und mal niemand erscheint oder sich alle verspäten, dich sinnvoll damit beschäftigen kannst. Für den Fall, dass gar kein Gespräch zustande kommt, könnt ihr auch zum Beispiel ein Kartenspiel dabei haben. Oder ihr macht einen Spaziergang. Bewegung aktiviert und jede gemeinsame Beschäftigung hilft dabei, die Gemeinschaft zu stärken.

Sei abwechslungsreich!
Immer die gleichen Themen, Menschen und Orte können selbst den begeistertsten Teilnehmer*innen die Lust verderben. Fühlt euch daher nicht an alte Gewohnheiten gebunden und hinterfragt Euch selbst! Gewohnheiten und Traditionen sind zwar wertvoll, können sich aber als Klotz am Bein herausstellen. Trefft euch auch mal in der Natur, macht einen Ausflug in ein Museum, geht in einen interessanten Kinofilm oder ladet eine*n Gastredner*in zu einem bestimmten Thema ein! Wenn der Ort es hergibt, könnt Ihr einen Film vorführen oder eine Präsentation gestalten (Achtung, Urheberrechte!).

49

Bleibt in Kontakt!
Treffen, gerade wenn sie in Form eines Stamm-
tisches stattfinden, können darunter leiden, dass sich
die Teilnehmenden außerhalb der Treffen gar nicht
kennen oder begegnen. Das macht die Kommunikation zwischen den Treffen schwierig. Nutzt daher die
Möglichkeiten, die die moderne Kommunikations-
welt bietet: WhatsApp-Gruppe, E-Mail-Verteiler, ein
eigenes Internetforum (oder einen privaten Bereich im
Reclaiming-Forum) oder eine klassische Telefonliste,
was immer Euch tauglich erscheint. Macht es nicht
zum Zwang, aber nutzt die Chance, vorab Terminabsprachen bequem und für alle nachvollziehbar
treffen zu können. Einigt euch auf einen Kommuni-
kationsweg, den alle nutzen können (Konsensprinzip,
siehe Kapitel 1)! Vergesst darüber aber nicht die-
jenigen, die gar nicht in eurer Liste stehen und nur
auf öffentlichen Anzeigen o. Ä. reagieren! Lasst sie
nicht vor verschlossener Tür stehen! Beantwortet
Anfragen zu den Terminen stets zeitnah. Auch wenn
es bei euch mal sehr stressig sein sollte, freut sich
die Person sicher über eine kurze Nachricht, dass ihr
die Anfrage zur Kenntnis genommen habt und darauf
bald antworten werdet. Oder leitet die Anfrage an
ein anderes Mitglied weiter, mit der Bitte sich darum
zu kümmern. Alles ist besser, als die Anfrage zu
ignorieren.

Seid bereit für Veränderungen!
Jede Gruppe kann sich verändern, insbesondere
wenn die Teilnehmenden wechseln. Die unterschiedlichen Erfahrungen, Erwartungen und Bedürfnisse
sorgen dafür, dass sich der Interessenschwerpunkt
verschieben kann. Geht offen mit solchen Prozessen
um und fragt (auch in Abständen wiederholt) nach,
ob es solche Veränderungswünsche gibt! Dabei kann
herauskommen, dass sich ein Teil (oder gar die Mehr-
heit) der Teilnehmenden eine andere Art von Gruppe
(siehe Abschnitt 6) wünschen. Dies kann auch dazu

führen, dass sich eine Gruppe auflöst oder teilt. Das ist ein natürlicher Prozess, der letztlich auch nicht aufzuhalten ist. Es ist besser, er wird im Konsens von allen begleitet. Vielleicht einigt ihr euch auf zwei verschiedene Gruppen mit teilweise überschneidenden Mitgliedern? Oder ihr trefft euch zukünftig im Wechsel zu unterschiedlichen Zwecken (ein offener Stammtisch wechselt sich zum Beispiel mit Ritualkreisen im geschlossenen Kreis ab)? Denkt bei der Entscheidung daran, dass ihr kein Mitglied der Gemeinschaft plötzlich ganz allein zurücklasst!

4. Location finden

Der Erfolg der Treffen hängt nicht unerheblich von der Wahl des richtigen Ortes ab. Ein unglücklich gewählter Ort stört den Ablauf des Treffens oder hält gar Menschen von der Teilnahme ab. Folgende Faktoren sollten bei der Auswahl eine Rolle spielen:

Erreichbarkeit
- ❑ Ist der Ort auch mit öffentlichem Nahverkehr zu erreichen?
- ❑ Gibt es Parkmöglichkeiten?

Zentralität
- ❑ Haben alle den möglichst gleichen Weg zum Treffen zurückzulegen?

Bedingungen vor Ort
- ❑ Wie sind das Licht, das Wetter, die Temperatur und die Lautstärke?
- ❑ Ist ausreichend Platz vorhanden?
- ❑ Eignet sich die Location für den Zweck des Treffens?
- ❑ Wie erkennen „Neue" die Mitglieder der Gruppe?
- ❑ Kann sich jede*r die Preise vor Ort leisten?
- ❑ Gibt es vegetarische/vegane Angebote?
- ❑ Wo sind die nächsten sanitären Anlagen? Kosten diese Geld?

Umfeld
- ❑ Ist es sicher?
- ❑ Gibt es störende Faktoren, z.B. einen bekannten Rechtsradikalentreffpunkt?
- ❑ Könnte sich jemand von eurer Anwesenheit (berechtigt) gestört fühlen?
- ❑ Ist die Anonymität der Teilnehmenden gewahrt?
- ❑ Toleriert das Umfeld das Thema des Treffens (zum Beispiel in kirchlichen Räumen)?

Die oben genannten Faktoren und Fragestellungen sind nicht alle gleich wichtig. Es kommt darauf an, für welche Art von Gruppe (für eine übergeordnete Einteilung siehe Abschnitt 5) bzw. Veranstaltung der Ort ausgewählt werden soll.

Stammtisch

Ein Stammtisch stellt eine eher lockere Zusammenkunft dar und dient dem Kennenlernen und „In-Kontakt-Bleiben". Wesentliche Elemente sind die regelmäßig wiederkehrenden Treffen (meist an einem bestimmten Wochentag), die wechselnden Mitglieder und die thematische Offenheit. Zu einem Stammtisch kann man spontan und ohne Vorbereitung gehen, ohne dabei engeren Kontakt zu den anderen Teilnehmer*innen zu haben. Die Kontakthürden sind absichtlich niedrig gehalten. Aus diesen Gründen ist bei Stammtischen von häufigen Ortswechseln abzusehen. Hier steht die Verlässlichkeit von Zeit und Ort im Vordergrund. Die Wahl des Ortes sollte also mit Bedacht getroffen werden. Je besser der Stammtisch organisiert und angekündigt ist (zum Beispiel durch soziale Medien), umso eher verträgt er eine Änderung, weil sich Interessierte jederzeit kurzfristig die nötige Information holen können oder gar eine Mitteilung über die Änderung erhalten. Stammtische finden traditionell (aber nicht zwingend) in gastronomischen Einrichtungen statt. Dabei legen viele Reclaimer*innen und Interessierte Wert auf fleischlose Angebote. Es sollte also zumindest vegetarische Kost angeboten werden. Raucherkneipen gibt es nur noch wenige und sind natürlich nicht empfehlenswert, wenn du Nichtraucher ebenfalls ansprechen möchtest. Aber wenn es einen (überdachten) Raucherbereich gibt, kann das zum Wohlbefinden von teilnehmenden Raucher*innen beitragen. Auch sollten die Preise erschwinglich sein, um niemanden von der Teilnahme aus Geldgründen abzuhalten. Nachteile des Treffens in der „Kneipe um die Ecke" können die Pflicht zum Verzehr, die

Stammtisch
Mit "Stammtisch" wird eventuell eine konservative, Karten klopfende Männerrunde verbunden. Andererseits ist der Begriff eindeutig und jede*r weiß, was sich dahinter verbirgt. Ein paar alternative Bezeichnungen sind: Reclaimingtreff(en) in Musterstadt, Runder Tisch (Reclaiming, Hexentreff(en)), Hexenschnack (im Norden), Hexenstube.

Lautstärke und die Öffentlichkeit sein. In größeren Städten relativiert sich Letzteres, da es dort bedeutend anonymer zugeht. Vielleicht ist das für dich dann eine bessere Wahl als die Gaststätte auf dem Dorf? Es empfiehlt sich in jedem Fall, einen Tisch zu reservieren. Wenn du mit dem*r Gastwirt*in sprichst und erklärst, dass es ein offener Stammtisch ist, hat sie*er bestimmt Verständnis, wenn du mal zu viele Plätze reservierst oder mehr Teilnehmer*innen kommen, als gedacht. Zudem bekommst du vielleicht einen ruhigen Tisch in der Ecke oder gar ein Clubzimmer angeboten. Bei Treffen in öffentlichen Räumen sorge dafür, dass dich Neue finden können durch ein Erkennungszeichen oder dadurch, dass die*der Gastwirt*in bei Nachfrage den richtigen Tisch zeigen kann.

Bedenke bei der Werbung für den Stammtisch auch, dass allein der Begriff für einige negativ belastet ist.

Ritualgruppe

Die Ritualgruppe ist eine der wichtigsten Gruppenarten, da sie auf das hinausläuft, was ein*e Reclaimer*in ausmacht: das Weben von Magie zur Veränderung des eigenen Bewusstseins und der Welt. Ganz egal, ob es eine regelmäßige Veranstaltung ist, oder ob sich die Gemeinschaft nur gelegentlich zum Abhalten von Ritualen trifft, die erste Entscheidung die Ihr gemeinsam treffen müsst, ist die Frage der Öffentlichkeit.

Nicht öffentliche Rituale finden in einem vertrauten Kreis statt und erleichtern daher die Organisation ungemein. An rein private Veranstaltungen sind keine besonderen rechtlichen Verpflichtungen geknüpft. Ritualgruppen haben von den hier vorgestellten Gruppenarten den größten Anspruch an Platz und äußere Gegebenheiten, je nach Ausgestaltung des Rituals. Soll ein Lagerfeuer oder Feuerkorb verwendet werden? Wird getanzt werden? Wird musiziert? Denke dran: Unsere Rituale sind EIEIO (siehe Kapitel 1 „Was macht Reclaiming aus?")! Eine der wichtigsten Entscheidungen wird es sein, ob das Ritual in einem Gebäude oder draußen stattfinden soll. Nach unseren Erfahrungen gibt es nichts so Erfüllendes, wie ein Ritual an der frischen Luft. Gerade Feuer sind in Innenräumen, auch aus gesundheitlicher und versicherungsrechtlicher Sicht, nicht empfehlenswert. Hier solltet ihr auf Kerzen ausweichen! Der deutlichste Nachteil bei einem Ritual in der Natur ist die Abhängigkeit von Wetter. In jedem Fall solltest du den Platz ordentlich auskundschaften!

Hier dazu einige Anregungen und Fragen, die du dir stellen solltest:

- ❑ Habt ihr das Recht, den Platz zu verwenden (Viele Wälder sind zum Beispiel in Privatbesitz!)?
- ❑ Ist der Platz gut zu finden? Kann sich jemand verlaufen?
- ❑ Kann jede*r Teilnehmer*in den Platz gut erreichen (barrierefrei)?
- ❑ Wie sorgt ihr bei einem Nachtritual für ausreichend Licht?
- ❑ Gibt es die Möglichkeit, sich hinzusetzen? Wie ist es mit „dringenden Bedürfnissen"?
- ❑ Seid ihr wirklich ungestört oder könntet ihr unverhofft Besuch von Wanderern oder zum Beispiel einer Jägergruppe bekommen?
- ❑ Stört ihr jemanden in eurer Nähe (zum Beispiel im Park)?
- ❑ Nehmt ihr Rücksicht auf die Natur? Stört ihr Tiere bei der Brut oder zertrampelt ihr seltene Pflanzen?
- ❑ Wie findet ihr den Platz vor? Ist er sauber und ungefährlich (Glassplitter, Erdlöcher, Ameisenhaufen)?
- ❑ Habt ihr Erfrischungen dabei? Decken oder Kissen für die Trance? Einen Erste-Hilfe-Kasten? Ein Handy, falls ihr einen Notruf absetzen müsst?
- ❑ Hinterlasst ihr den Platz sauber? Sind eure Opfergaben ohne schädliche Rückstände? Habt ihr die Möglichkeit eines Waldbrandes ausgeschlossen?

Wenn du ein öffentliches Ritual abhalten möchtest, dann ergeben sich zwangsläufig viele weitere Fragen. Der Kreis der Beteiligten ist nicht vorher absehbar und es können die verschiedensten Menschen auftauchen. Leider ist es immer schwieriger geworden, in der Öffentlichkeit als Veranstalter*in aufzutreten:

- ❏ Auf wie viele Personen bist du vorbereitet? Sollen sich Teilnehmer*innen vorher anmelden? Wer hilft dir, falls besonders viele Menschen kommen?
- ❏ Wenn du das Ritual zum Beispiel wegen des Wetters oder einer Grippewelle absagen musst, wie erreichst du all die fremden Menschen?
- ❏ Können dich während der Veranstaltung alle hören? Brauchst du technische Hilfsmittel?
- ❏ Hast du bei der Ausgestaltung auch daran gedacht, dass ältere Personen teilnehmen können, Kinder, fremdsprachige Menschen?
- ❏ Findet das öffentliche Ritual „in Sicherheit" statt? Wo kannst du dir Hilfe suchen, wenn Störenfriede auftauchen?
- ❏ Möchtest du ein öffentliches Ritual wirklich bei dir zu Hause stattfinden lassen oder lieber an einem neutralen Ort wie einem Dorfplatz oder dem Dorfgemeinschaftshaus?
- ❏ Bei größeren Veranstaltungen kann immer etwas passieren: Jemand verstaucht sich den Knöchel oder verbrennt sich an der Feuerschale. Bist du als Veranstalter*in dafür versichert? Kannst du deine Haftung ausschließen?
- ❏ Brauchst du Genehmigungen für deine Veranstaltung? Gibt es einen Ausschank oder etwas zu essen? Nimmst du dafür Geld? Musst du Unverträglichkeiten berücksichtigen oder alle Inhaltsstoffe bekannt geben? Wird öffentlich Musik oder Film aufgeführt (Urheberrechte, GEMA)?

Nicht zuletzt solltest du bei der inhaltlichen Planung des Rituals immer damit rechnen, dass Menschen nur

halbherzig mitmachen oder das Ritual vorzeitig verlassen werden. Lass dich dadurch nicht aus der Ruhe
bringen!
Öffentliche Rituale können nur so perfekt sein wie ihre
Teilnehmer*innen.
Wenn du ein perfekt choreographiertes Ritual durch-
führen willst, solltest du dir deine Mitgestalter*innen
eher im intimen Kreis genau aussuchen. Und selbst
dann passieren die amüsantesten Zwischenfälle!

Workshop
Ein Workshop ist eine Veranstaltung, bei der die
Teilnehmenden alle gemeinsam an einem bestimmten
Projekt arbeiten. Das kann ein Text sein, ein Ritualab-
lauf, ein Ritualgegenstand oder eine Gartenlaube. Die
Bedingungen, die an den Ort zu stellen sind, hängen
daher stark vom Zweck des Workshops ab.

Allgemein benötigt ein Workshop bedeutend mehr
Platz als ein Stammtisch oder eine andere Gesprächs-
runde. Durch die Aktivität, die jede*r Teilnehmende*r
entfaltet, braucht es nicht so warm wie bei einem rei-
nen Gesprächstreffen zu sein. Für den Workshop sind
oftmals spezielle Materialien und Werkzeuge erfor-
derlich und entsprechend hoch sind auch die Anforderungen an das vorhandene Licht. Denke an Menschen
mit Rückenproblemen o.Ä., diese möchten sicher
nicht auf dem Boden sitzen. Am Tisch arbeitet es
sich immer noch am besten! Sorge dafür, dass jede*r
ausreichend Platz für einen eigenen Arbeitsbereich
hat. Beinhaltet der Workshop Gruppenarbeit? Dann
sollten die Gruppen ausreichend Ausweichmöglich-
keiten haben, um sich nicht gegenseitig zu behindern,
eventuell sogar getrennte Räume! Da die Ergebnisse
des Workshops aber immer mit allen Teilnehmenden gemeinsam präsentiert und besprochen werden,
braucht es auch genügend Raum, um alle gemeinsam
unterzubringen. Ähnlich wie beim Vortrag braucht es
für die*den Moderator*in meist auch einen eigenen

kleinen Bereich. Ein Workshop dauert üblicherweise länger als ein Vortrag oder ein Stammtisch. Daher sind Fragen der Versorgung (Gibt es etwas zu essen/trinken/Toiletten?) auch bedeutender.

Vortrag

Bei einem Vortrag steht zunächst der*die Vortragende im Vordergrund. Für eine gelungene Veranstaltung sind besondere Anforderungen an den Raum zu stellen. Es sollten für alle Erscheinenden ausreichend Sitzgelegenheiten vorhanden sein. Von jeder Stelle aus sollte die vortragende Person gesehen und vor allem gehört werden können. Achte zum Beispiel auf Säulen oder Trennwände, die den Blick versperren können! Gaststätten sind meist nicht geeignet, es sei denn, sie verfügen über ein Clubzimmer o.Ä., das nur für die Gruppe zur Verfügung steht. Dann sollte aber nicht unbedingt eine größere (und laute) Feier im Nebenraum stattfinden. Du kannst auch in deiner Gemeinde nachfragen, ob du ein Dorfgemeinschaftshaus oder Stadtteilladen für deinen Zweck nutzen oder mieten kannst. Möglicherweise darfst du auch einen Raum in der Schule oder gar die Turnhalle (für größere Veranstaltungen) nutzen. Gerade bei solchen nur zeitweise genutzten Räumlichkeiten solltest du auf die angemessene Temperatur achten! In einem kalten Raum zu sitzen und einem Vortrag zuzuhören, ist kein Vergnügen. Natürlich kommen auch Gemeinderäume der Kirchengemeinden in Betracht. Da Reclaiming aber als konkurrierende Religionsgemeinschaft betrachtet werden kann, dürfte das nur in sehr toleranten Gemeinden möglich sein. Wenn der Vortrag mit einer Präsentation verbunden ist, musst du unbedingt auf die technischen Voraussetzungen achten! Nichts ist peinlicher als eine Präsentation, bei der die Technik streikt (außer natürlich eine schlechte Präsentation). Die sicherste Methode ist immer noch, dass dir der Vortrag rechtzeitig vorher zur Verfügung gestellt wird und du einen Testlauf mit den vor Ort

vorhandenen Geräten machst. Wenn du technisch
auf dem Schlauch stehst, hole dir ruhig Hilfe, auch
von Freund*innen und Familienmitgliedern, die selbst
gar nichts mit Reclaiming am Hut haben! Es schadet
nicht, einen „Telefonjoker", der vorher eingeweiht
ist, im Ärmel zu haben. Weiter ist für eine gelungene
Präsentation mit Beamer das Licht entscheidend. Lässt
sich der Raum, zum Beispiel mit Vorhängen, verdun-
keln (gerade im Sommer ein unterschätztes Problem)?
Gibt es eine sparsame Beleuchtung, damit nicht alle in
absoluter Dunkelheit sitzen? Zur Not lässt sich mit einem Deckenstrahler oder ein, zwei Nachttischlampen
Abhilfe schaffen. Ein rein mündlicher Vortrag kann
auch in der freien Natur stattfinden. Das stellt aber
besondere Anforderungen an die Akustik. Heute gibt
es kostengünstige Möglichkeiten, an ein Mikrofon und
einen kleinen Lautsprecher zu kommen.
Bei der Auswahl des Raums ist letztlich zu bedenken,
ob es danach eine Diskussionsrunde geben soll. In
diesem Fall sollte die Möglichkeit bestehen, die Sitzgelegenheiten so umzustellen, dass sich eine Art Kreis
bilden lässt.

5. Zeit

Der Zeitfaktor hat sich nach unserer Erfahrung als eine der größten Einschränkungen herausgestellt. Es ist eine große Herausforderung, alle Teilnehmer*innen an einem Termin zusammenzubekommen. An Problemen mit der Zeit kann man auch sehr gut ausmachen, woran es in der Gruppe ansonsten mangelt und ob die Zielsetzungen und Erwartungen eventuell zu unterschiedlich sind (siehe Abschnitt 6). Es lohnt sich durchaus, ein Mitglied, das häufig ausfällt, persönlich unter vier Augen anzusprechen und nachzufragen, ob es andere Gründe als Zeitmangel gibt, die zu den Absagen führen. Anforderungen an die persönliche (Frei-)Zeit können auch einen hohen Stresspegel bei den Teilnehmer*innen und deren Familien auslösen. Habe das stets im Blick, um Konflikten rechtzeitig zu begegnen!

Turnus
Bei der Gründung einer Gemeinschaft solltest du mit den anderen zusammen einen Turnus festlegen, in dem ihr euch treffen wollt. Das sichert zum einen eine gewisse Konsequenz und verschafft euch zum anderen die erforderliche Zeit für die von euch gesetzten Aufgaben. Ob Ihr euch nur locker „alle zwei Monate", „zu jedem Vollmond" oder „jeden Mittwoch" treffen mögt, hängt sehr stark von eurem Gruppenzweck ab. Eine Gruppe, die gemeinsam einen Permakulturgarten pflegen möchte, braucht sehr viel engere Intervalle, als eine Gruppe, die Demonstrationen gegen Waffenhandel organisieren möchte, wenn sie auch Erfolg vorweisen möchte.

Aus unserer Erfahrung ist die Einhaltung einer gewissen Regelmäßigkeit am ehesten gesichert, wenn die Termine im vorhinein festgelegt sind, wie zum Beispiel „jeden zweiten Mittwoch". Dies schafft Planungssicherheit für alle Beteiligten. Der Termin

kann bereits vorab in Familienkalender o. Ä. einge-
tragen werden. Für Stammtische ist ein regelmäßiger,
bereits feststehender Termin sogar besonders wichtig,
da dort ja auch neue Personen spontan vorbeikommen
können. Ritualgruppen, die sich an den Jahreskreis-
festen und Mondfesten orientieren wollen, könnten
einen Ritualplan für das ganze Jahr vorab erstellen.

Terminabsprachen
Terminabsprachen sollten transparent, rechtzeitig
und fair sein. Natürlich wird es vorkommen, dass
nicht alle Gruppenmitglieder bei jedem Termin dabei
sein können. Bedenke bei der Planung aber auch,
dass im Reclaiming nicht automatisch der Termin mit
den meisten Zusagen gewählt werden muss. Damit
würde ein Mitglied (vielleicht gar wiederholt) von der
Teilnahme ausgeschlossen. Findet daher in eurer
Gruppe einen Konsens darüber, wie ihr mit schwieri-
gen Terminfindungsprozessen umgehen wollt. Wenn
die Termine rechtzeitig vorher abgesprochen werden,
kann jede*r darauf reagieren. Alle sollten die Information gleichzeitig erhalten, um Grüppchenbildung
zu verhindern. Terminabsprachen sind zeitkritisch
und, je nach Größe der Gruppe, schnell unübersicht-
lich. Nutzt die Möglichkeiten der modernen Technik,
damit alle auf einem Stand sind! Doodle.com ermöglicht unkomplizierte Terminabfragen und lässt Über-
schneidungen schnell ersichtlich werden. WhatsApp-
Gruppen sind schneller und direkter als E-Mails.
Schließlich erlauben auch digitale Kalender heute
gegenseitige Zugriffe, so dass alle zu jedem Zeitpunkt
Zugriff auf die Termine haben. Denkt daran, falls es
sich um öffentliche Termine handelt, Terminverände-
rungen rechtzeitig zu veröffentlichen, zum Beispiel auf
einem Blog oder einer Facebookseite!

6. Gruppenarten und -strukturen

Die nachstehenden Hinweise folgen den Ideen und Anregungen aus Starhawks Buch „Mit Hexenmacht die Welt verändern". Dies ist nur ein Überblick. Für mehr Informationen lohnt sich ein Blick in das Buch auf jeden Fall.

Finden eines Gruppenzwecks
Am Anfang einer Gruppe steht der Entschluss einer oder mehrerer Personen, sich in einem festeren Rahmen zusammenzutun, um gemeinsam Zeit zu verbringen, Aktionen durchzuführen und ganz allgemein etwas nach innen oder außen zu bewegen. Grob kann zwischen Aktionsgruppen, Vertrauensgruppen, Selbsthilfegruppen und Lerngruppen unterschieden werden.

Im Gründungsprozess sollten sich die Beteiligten über den Zweck einigen. Dabei können folgende Fragen helfen:

- Was erwartet jede*r Einzelne von der Gruppe?
- Was ist jede*r Einzelne bereit, der Gruppe zu geben?
- Welches sind die gemeinsamen Erwartungen und Bereitschaften?
- Welche Differenzen gibt es?
- Welche Erwartungen scheinen erfüllbar?

Aus den Antworten lässt sich der geeignete Gruppenzweck ableiten. Suchst du eine Gruppe für einen bereits vorher festgelegten Zweck, wirst du an dieser Stelle feststellen, ob die Teilnehmenden mit dem gewünschten Gruppenzweck einverstanden sind. Oder du stellst fest, dass du mit ganz anderen Erwartungen übereinstimmst und möchtest deine ursprüngliche Zielsetzung ändern. Aus diesem Prozess kann auch hervorgehen, dass sich nur ein Teil der Teilnehmenden zu einer Gruppe zusammenfindet, während die anderen außerhalb bleiben. Das ist in Ordnung. Niemandem ist geholfen, wenn versucht wird, wirklich allen gerecht zu werden. Möglicherweise finden sich zwei Gruppen, deren Mitgliederkreise sich teilweise überschneiden. Wichtig ist, dass der gefundene Gruppenzweck im Konsens aller neuen Mitglieder gefunden wird. Ansonsten beginnt die Gründung bereits mit einem unterschwelligen Konflikt. Auf einem wackeligen Fundament kann kein sicheres Haus errichtet werden.

Aktionsgruppen

Der Hauptzweck einer Aktionsgruppe besteht darin, etwas zu tun. Eine solche Gruppe ist vielleicht auf ein bestimmtes Projekt ausgerichtet – die Vorbereitung einer Blockade-Aktion, das Betreiben eines Naturkostladens –, oder ihre Arbeit kann einen allgemeineren Schwerpunkt haben, der viele verschiedene Projekte umfasst – Gruppenmitgliedern eine Verdienstmöglichkeit zu bieten, für gerechte Sachen Rechtsberatung anzubieten. Die Lebensdauer einer Aktionsgruppe ist im Idealfall gerade so lang, wie sie braucht, um ihr selbst gestecktes Ziel zu erreichen. Gruppen können für kurzfristige Projekte ins Leben gerufen werden und sich dann wieder auflösen, oder sie können auf Jahre hinaus bestehen, wobei einzelne Gruppenmitglieder kommen und gehen mögen.

Mitglieder können die Fertigkeiten, den Erfahrungsschatz und das Wissen anderer Mitglieder im Hinblick auf die zu bewältigenden Aufgaben würdigen, auch wenn sie sich von der Persönlichkeit der anderen nicht sehr angezogen fühlen. Unterschiedliche Ausmaße der Offenheit können angemessen sein und das allgemeine Vertrauen wird sich danach richten, ob einzelne Mitglieder ihre Vereinbarungen und Verpflichtungen einhalten.

Vertrauensgruppen

Der Hauptzweck einer Vertrauensgruppe ist das Zusammensein: zusammen eine Gruppe bilden, Gemeinschaft schaffen, langfristige, kontinuierliche Beziehungen aufbauen. Traditionsgemäß organisieren sich Hexen in Vertrauensgruppen, die als Zirkel bezeichnet werden: Kreise, die sich zum Zwecke der Veranstaltung von Ritualen und der magischen Arbeit treffen und starke Bindungen, Loyalitäten und Beziehungen aufbauen. Aktionsgruppen und Heilungsgruppen entwickeln sich manchmal zu Vertrauensgruppen. Alle Vertrauensgruppen brauchen lange – Jahre, nicht Wochen oder Monate –, um zusammenzuwachsen. Sie erfordern langfristiges, zeitlich unbegrenztes Engagement sowie ein hohes Maß an Offenheit und Vertrauen.

Es muss auch eine grundlegende Chemie der Anziehung zwischen den einzelnen Gruppenmitgliedern geben: Es hat keinen Zweck zu versuchen, mit jemandem Nähe aufzubauen, in dessen Gesellschaft du dich nicht wohl fühlst, obwohl die Mitglieder aller Gruppen manchmal Zeiten des Konfliktes durchmachen. Doch mit der Zeit entwickelt sich eine Verbundenheit, die der einer loyalen Familie gleichkommt, bei der man weiß, dass, egal wie viel man sich gegenseitig nervt, sich gegenseitig die Autos kaputt fährt oder ideologische Unterschiede hat, man trotzdem immer noch verbunden sein wird. Damit das passieren kann, müssen die Mitglieder nahe genug zueinander leben, dass sie gegenseitig Teil ihres Lebens werden können. Viele Gruppen streben nach Nähe, aber langlebige Vertrauensgruppen sind in Wirklichkeit etwas Seltenes.

Selbsthilfegruppen

Der Hauptzweck einer Selbsthilfegruppe ist Veränderung: Neue Erkenntnisse, Heilung, Genesung von äußerer oder verinnerlichter Unterdrückung.

Hierfür sind die Selbsterfahrungsgruppen der späten sechziger und der siebziger Jahre ein klassisches Beispiel, ebenso wie die Anonymen Alkoholiker und alle mit ihnen verwandten Selbsthilfegruppen. Die Veränderung kann als persönlich angesehen werden oder man kann in ihr auch gesellschaftliche und politische Auswirkungen sehen. Gruppen konzentrieren sich oft auf spezifische Themen oder Situationen: Herkunft, ethnische oder kulturelle Identität, das Überleben von Missbrauch, Gewalt oder Diskriminierung, die Genesung von Sucht. Oder ihr Hauptanliegen kann darin bestehen, jene Erkenntnisse zu vermitteln, die zum Aktivwerden aufstacheln: zum Beispiel die Basisgemeinschaften in Lateinamerika, die auf radikale Weise Diktaturen herausfordern. Selbsthilfegruppen können sich zu Aktionsgruppen entwickeln und mit der Zeit sogar zu Vertrauensgruppen werden, aus denen echte Gemeinschaft hervorgeht. Selbsthilfegruppen können unterschiedlich sein im Hinblick auf Größe und Ausmaß der Nähe. Eine Gruppe für Inzest-Überlebende mag auf acht oder zehn Mitglieder begrenzt sein, während ein AA-Meeting unter Umständen Hunderte von Menschen umfassen kann. Solche Gruppen können zunächst einmal eine zeitliche Begrenzung haben oder so lange weitergeführt werden, wie die Unterstützung benötigt wird.

Selbsthilfegruppen funktionieren gut, wenn die Mitglieder bereit sind, offen zu sein und auch schmerzliche Erfahrungen mitzuteilen. Vertrauen spielt dabei eine große Rolle: Mitglieder solcher Gruppen müssen darauf vertrauen können, dass sie für das, was sie sagen, nicht gerichtet oder verurteilt werden und dass ihre Geheimnisse vertraulich bleiben. Sie müssen nicht unbedingt außerhalb der Gruppe miteinander Umgang haben. Menschen erwarten oft, dass Selbsthilfegruppen zu Vertrauensgruppen werden, und das tun sie manchmal auch. Oft erkennen diese Menschen jedoch nicht, dass wirkliche Nähe Zeit erfordert, und werden angesichts der Beschränkungen der Gruppe ungeduldig, wütend oder enttäuscht. Es kann aber auch vorteilhaft sein, eine Selbsthilfegruppe nicht zur vertraulichen Gemeinschaft werden zu lassen, denn oft suchen wir in der Selbsthilfegruppe Unterstützung gerade in den Konflikten und Kämpfen, in denen wir mit unseren Nächststehenden verwickelt sind.

Lerngruppen

Der Hauptzweck einer Lerngruppe ist die Erleichterung des Lernens. Kurse, Workshops, Trainingsseminare und Arbeitsgruppen sind alle Beispiele solcher Gruppen. Eine oder mehrere Personen können dabei als Lehrer*in, Trainer*in oder Helfer*in auftreten, oder die Gruppe kann ihren Lernprozess selbst lenken.Größe und Ausmaß der erwarteten Nähe können sehr stark variieren. Lerngruppen haben eine kurze Lebensdauer, und damit der Rahmen ermächtigend wirkt, müssen sich Lehrer*innen auch als Lernende sehen. Schüler*innen haben das Potential, im Laufe der Zeit die Lehrer*in zu ersetzen oder ohne sie auszukommen. Die Arbeit der Lehrer*in besteht darin, sich selbst überflüssig zu machen, während sie von den Schüler*innen lernt, die ebenfalls wertvolle Lebenserfahrungen, Fertigkeiten und Kenntnisse besitzen. Lerngruppen sind oft ein fruchtbarer Boden für das Bilden von anderen Arten von Gruppen. Zirkel oder Ritualkreise bilden sich oft aus Kursen oder Workshops.

Entwicklungsstufen einer Gruppe

Von dem Augenblick an, in dem der Zweck der Gruppe und die Teilnehmenden gefunden werden, entwickelt sich die Gruppe über längere Zeit üblicherweise in bestimmten organischen Stufen. Diese kann man grob am Kreis der Elemente festmachen:

Luft/Osten: Die Phase der Inspiration und der Findung, mit der alles beginnt. Die Gruppe findet sich und erarbeitet ein Konzept.

Feuer/Süden: Die Phase der Aktion und Expansion. Die Gruppe wächst und wirkt nach außen. Sie ist voller Tatendrang und Energie.

Wasser/Westen: In dieser Phase tauchen in aller Regel die ersten Brüche und Verluste in der Gruppe auf. Die Gruppe formt sich um und erhält die Gelegenheit zur Heilung.

Erde/Norden: In der Phase der Konsolidierung festigt sich die Gruppe. Die überwundenen Konflikte führen zu einer sicheren Gruppenstruktur, einer vertrauensvollen Basis.

Die Übergänge dieser Entwicklungsphasen können durchaus mit Konflikten verbunden sein. Unbewältigte Konflikte können die Integrität und letztlich den Bestand einer Gruppe gefährden. Eine gut geführte Gruppe kann diese Konflikte überwinden. Daher ist der richtige Umgang mit Führungsaufgaben und Macht wesentlich.

Gruppenführung und Führungsrollen

Die Aufgabe der Führung ist untrennbar mit Machtausübung verbunden. Umso wichtiger ist es für Reclaiming-Gemeinschaften, die Fehler hierarchischer Machtstrukturen zu erkennen und zu vermeiden. Den Prinzipien der Einigkeit folgend, üben Reclaimer*innen keine Macht über andere Menschen aus, zumindest keine Macht, die ihnen nicht freiwillig und widerruflich übertragen worden ist.

Eine neue Reclaiming-Gemeinschaft, die wenig Erfahrung mit den Methoden zur Befreiung und der Vermeidung von Macht-über-Strukturen hat, sollte jedoch kein einengendes Dogma vor sich hertragen. Dies könnte für den Anfang zu viel sein und die Gruppendynamik bereits vor den ersten Erfolgen ersticken. Wichtiger ist es, ehrlich miteinander zu sein und die üblichen Konfliktauslöser erkennen zu können.

Ein paar Punkte gilt es in jedem Fall zu beachten: Zu Beginn der Gruppenfindung sollten die Aufgaben im Konsens verteilt werden. Die Zuständigkeiten sollten klar benannt sein. Jeder*m Verantwortlichen sollte durch die Gruppe auch unaufgefordert Hilfe angeboten werden.

Zu den üblichen konkreten Aufgaben, die eine neu gegründete Gruppe zu verteilen hat, gehören:
- Terminkoordination (Ort, Zeit, Benachrichtigung, Reservierung usw.)
- Betreuung von Websites, Facebookauftritten o. Ä.
- Inhaltliche Planung (Rituale, Workshops etc.)
- Öffentlichkeitsarbeit (Ansprechpartner*in nach außen, Aushänge etc.)

Interne Konfliktbewältigung
In neuen Gruppen, die auf Initiative einer einzelnen Person gegründet wurden, besteht eine Tendenz, alle Verantwortung auf den*die Initiator*in abzuwälzen. Dem ist unbedingt durch die Verteilung von Aufgaben vorzubeugen. Auf diese Weise wird auch sichtbar, welche Mitglieder gerne bereit sind, Zeit und Energie in die Gruppe zu investieren. Wer aus Zeitmangel der Gruppe nicht helfen kann, sollte dies an dieser Stelle klar zum Ausdruck bringen. Eine solche Phase kann schließlich jedes Mitglied mal treffen.

In größeren Gruppen können die Führungsaufgaben auch von Teams wahrgenommen werden, die sich gegenseitig Verantwortung und Befugnis teilen. Auch diese Gruppen können in ihren Zwecken an den Kreis der Elemente angelehnt werden.

Luft/Osten:
Die sogenannten Krähen behalten den Überblick über die Entwicklung der Gruppe, schmieden Pläne und bringen Initiativen ein.

Feuer/Süden:
Die Grazien sind die „PR-Experten" der Gruppe. Sie sind verantwortlich für die Außendarstellung, pflegen Kontakte und sorgen für eine angenehme Atmosphäre. Sie kümmern sich um neue Mitglieder.

Wasser/Westen:
Die Schlangen stehen dem Prinzip der Heilung nahe. Sie sorgen sich intern um die Gruppe, spüren Konflikte und sind verantwortlich, die Problemlösung zu initiieren.

Erde/Norden:
Als Drachen verteidigen und festigen diese Mitglieder die Gruppe. Sie wachen darüber, dass die von der Gruppe erstellten Regeln eingehalten und regelmäßig geprüft werden. Sie erden und pragmatisieren die Vorschläge und organisieren. Außerdem schützen sie die Gruppe vor Rowdys und anderen Bedrohungen.

Geist/Mitte:
Die Weber*innen werden als Mittelpunkt der Gruppe angesehen, so wie der Geist in der Mitte des Kreises steht. Sie sind die Personen, an die sich alle wenden, um die sich vieles dreht und die die Gruppe „vernetzt".

7. Soziale Permakultur

Soziale Permakultur bedient sich der Prinzipien der ökologischen Permakultur.
Ein Bewußtsein um zumindest gewisse Prinzipien hilft dabei, die Struktur einer Gruppe passender zu wählen und gesunde, solide und effiziente Gemeinschaften zu bilden.
Bei jeder Pflanze schauen wir: „Braucht sie Sonne oder Schatten?", „Wie sollte der Boden beschaffen sein?", „Unterstützende andere Pflanze/Tiere?".
Übertragen auf eine Gruppe: „Wie viel Energie benötigt diese Gruppe?", „Ist der Zeitraum angemessen?", „Ist die Intention/das Ziel/der Grund deutlich?", „Gibt es ein Netzwerk?", „Wie ist es um Verlässlichkeit bestellt?".

Ist die Intention deutlich und der Energieaufwand und Zeitraum eingeschätzt, dann steht die Frage der Aufgabenverteilung an. Sind die benötigten Fähigkeiten, zeitlichen und ggf. materiellen Kapazitäten in der Gruppe vorhanden? Vertrauen sich alle untereinander, dass die Aufgaben im geplanten Zeitfenster (wenn einschätzbar) erledigt werden. Wie werden Ressourcen außerhalb der Gruppe eingebunden?

Check-in
Regeln zum Check-in findest du im Handout (Kapitel 1 – Was macht Reclaiming aus?, Abschnitt 12)

Nachdem die Gruppe begonnen hat zu arbeiten, sind regelmäßige Check-ins wichtig. Braucht jemand Unterstützung oder Information, kann ein nächster Schritt erfolgen usw.

Große Klarheit über den Zweck der Zusammenkunft/-arbeit ist sehr wichtig. Das beugt falschen Erwartungshaltungen vor.

8. Herausforderungen meistern

In diesem Abschnitt wollen wir, die wir bereits
Gemeinschaften gegründet haben oder funktionierenden Gemeinschaften angehören, dir Mut machen.
Denn manchmal erscheinen die Hindernisse zu groß,
um allein überwunden zu werden.

Du bist nicht allein!
Die Reclaiming-Gemeinschaft ist eine große, internationale Familie. Sicher hast du Kontakt zu der*m
einen oder anderen Reclaimer*in geknüpft. Nutze
die Erfahrungen und den (moralischen) Beistand der
Community. Dafür ist sie da. Du brauchst jemanden,
um bei deinem Flyer Korrektur zu lesen? Du weißt
nicht genau, wie du das öffentliche Ritual gestalten
sollst? Du brauchst jemanden, der mit dir zusammen
am Infostand steht? Bitte um Hilfe!

Hab Geduld!
Der Aufbau einer echten Reclaiminggemeinschaft ist
ein langwieriger Prozess. Es werden vielleicht Monate
oder sogar Jahre vergehen, bis du dein Ziel erreichst.
Aber die Mühe und die Zeit lohnen sich! Und auf dem
Weg zum Ziel, da liegen viele kleine magische Erfahrungen, die dich stärker und weiser machen. Nimm
dir ein gutes Buch mit, wenn du (mal wieder) allein am
Stammtisch sitzt! Fange klein an und steigere dich! Sei
nicht enttäuscht, wenn Interessent*innen nach dem
zweiten Mal nicht mehr wiederkommen! Jede*r sucht
schließlich nach dem richtigen Weg für das eigene
Leben.

Der Stammtisch
in Braunschweig
hat acht Jahre
existiert, bis sich die
Holunderschwäne
gegründet haben.

Sei konsequent!
Manchmal sind die Schwierigkeiten direkter als nur
eine zähe Gruppengründung. Eine konsensorientierte
Gruppe ist auch anfällig für Störungen von innen.
Manchmal versuchen Menschen, Macht über ande-
re auszuüben. Sie drängen sich in den Vordergrund

oder nehmen die Ressourcen der anderen über Gebühr in Anspruch. Manchmal kommen Menschen in die Gruppe, die sich mit der besonderen Struktur von Reclaiming nicht wirklich verbunden fühlen. Für Frauenfeindlichkeit, Homophobie oder rechtes Gedankengut ist kein Platz in unserer internationalen Familie. Hier braucht es die Kraft der Drachen (siehe Führungsrollen in Abschnitt 6), um die Gemeinschaft zu schützen. Scheue dich nicht, offensichtliche Übergriffe sofort anzusprechen! Mache klar, dass gegenseitige Wertschätzung und eine offene, wohlwollende Kommunikation die Grundlage für jedes Vertrauen sind!

Sei nicht zu hart!
Das Projekt, das du dir vorgenommen hast, ist groß. Immerhin geht es um den Aufbau echter, intensiver Gemeinschaft. Das ist viel mehr als nur ein Lesezirkel. Sei vorsichtig damit, wie du beurteilst: deine Leistung, deine Erwartungen, aber auch das Engagement anderer! Es kann zerstörerisch sein, zu hart in der Kritik mit sich und anderen zu sein. Und es verletzt. Oft erkennst du nicht, warum sich Menschen so verhalten, wie sie es tun. „Walk a mile in my shoes!" ist eine bekannte Redewendung, die das gut umschreibt. Erwartungen und Beurteilungen können zwischenmenschliche Beziehungen beeinträchtigen, zumindest, wenn sie nicht offen kommuniziert werden. Eine gute Regel ist es, erst nachzufragen und dann Schlüsse zu ziehen. Vielleicht kommt die Kollegin aus dem Yogakurs nicht mehr zum Stammtisch, weil sie selbst gerade überfordert ist? Hinterfrage auch dich selbst, wenn dich der Frust zu überwältigen droht! Die Hexenkunst gibt uns verschiedene Methoden der Divination an die Hand und in Reclaiming lernen wir die Arbeit mit dem Eisen- oder dem Perlenpentagramm, mit der du deine eigene Einstellung und deine unterbewussten Emotionen überprüfen kannst. Nutze sie!

Wie in Abschnitt 3 bereits empfohlen: Sei bereit für Veränderungen! Manchmal ist es Zeit, das Projekt in den Kessel zu geben und etwas Neues zu starten. Vielleicht sind die Ziele zu hoch gesteckt oder es ist nicht die passende Zeit? Suche dir Freund*innen, mit denen du diese Überlegungen teilen kannst. Oft braucht es einen Spiegel, um uns selbst zu erkennen.

Alles unterliegt Zyklen
Als erdverbundene Spiritualität arbeiten wir viel mit den Zyklen der Natur, aber auch Gruppen haben Zyklen. Es gibt immer wieder Phasen, in denen Gruppen schrumpfen (z.B. weil einige Personen wegziehen, einen anderen Weg in ihrem Leben einschlagen oder vielleicht auch einfach gerade andere Prioritäten haben oder haben müssen), aber Gruppen wachsen auch wieder. Es gibt immer wieder Phasen, die schwieriger sind, aber dann kommen auch wieder leichtere. Es gibt Zeiten mit eitel Freude Sonnenschein und auch mal welche mit Konflikten. Es gibt aktivere Zeiten der Gruppe und es kommen auch wieder ruhigere Zeiten. Insbesondere wenn die Gruppe das erste mal gewachsen ist und ihr vielleicht zu zehnt seid, kann es enttäuschend sein, wenn ihr plötzlich wieder nur zu viert dasteht. Aber das ist bei kleinen Gruppen durchaus möglich. Hier fällt es sofort auf, wenn ein oder zwei Personen die Gruppe verlassen. Aber es können auch wieder Leute dazu kommen. Aus unserer Erfahrung heraus ist das eine Art Schwingung, es werden mehr und weniger und mehr. Das ist normal! Lasst euch dadurch nicht verunsichern.

Kapitel 3

Werbung und Informa-
tionsmaterial erstellen

Werbung und Informationsmaterial erstellen

1. Intention

Möchte ich informieren, einladen oder neugierig machen? Nicht nur für ein Ritual, auch für Werbung braucht man immer eine Intention! Und genauso wie im Ritual, ist es sehr hilfreich, diese exakt und klar zu formulieren.

WEN möchte ich WIE und WARUM erreichen?

- Wer ist meine Zielgruppe?
- Wie möchte ich meine Zielgruppe ansprechen? (Per Flyer, Plakat, Anzeige in Zeitschrift, Social Media...)
- Warum möchte ich sie erreichen?
- Was möchte ich mitteilen? Für was genau werbe ich? Über was informiere ich?

Versuche, deine Zielgruppe so genau wie möglich zu visualisieren: Wie alt sind sie? Welche Einstellungen haben sie? Was würde sie ansprechen? Wo trifft man sie? Usw.

2. Flyer aufbauen

Um Leute zu erreichen um z.B. einen Workshop zu bewerben oder über Reclaiming zu informieren können Flyer sehr nützlich sein. Die folgenden Informationen sind Anregungen, Gestaltungsregeln und Tipps, die aus der Mediengestaltung kommen. Natürlich kannst du deinen Flyer gestalten, wie du möchtest. Allerdings möchten wir dir hier einige handwerkliche Grundbausteine aus der beruflichen Praxis mit auf den Weg geben. Gute Gestaltung ist wie Magie und kann zielgerichtet eingesetzt werden.

Du möchtest einen Flyer aufbauen...

... und hast keine Zeit, möchtest aber trotzdem einen tollen, aussagekräftigen Flyer:
Gebe dein Projekt in die Hände eines*r kreativen Freeworker*in oder einer Druckerei/einem Mediengestaltungsbüro deiner Wahl vor Ort!
Gute Gestaltung ist seinen Preis wirklich wert und die Unterstützung einer*s freiberuflichen Designer*in/ Mediengestalter*in und/oder einer kleinen (Umwelt-) Druckerei ist eine wirklich gute Sache.

... und hast nicht so viel Zeit und möchte es so einfach wie möglich:
MS Word, Pages, Open Office etc.: Die meisten Textverarbeitungsprogramme haben Vorlagen für Flyer, die wunderbar genutzt werden können. Wenn nicht, gibt es oft kostenfreie Vorlagen im Netz zu finden.

...und bist kreativ, hast Zeit, möchtest dich austoben und traust dir eine kompliziertere Variante durchaus zu:
Baue deinen Flyer mit einem professionellen Layoutprogramm wie Adobe InDesign, Scribus, Affinity Publisher oder VivaDesigner auf.

Professionelle Layoutprogramme:

Scribus
Kostenloses und freies Desktop-Publishing-Programm.

VivaDesigner
Kostengünstiges und einfach zu bedienendes Satz- und Layoutprogramm für Desktop und Web.

Adobe InDesign
Professionelles, allerdings teureres Layoutprogramm.

3. Ein passendes Format auswählen

Wichtiges zur Formatwahl
Wo werden die Flyer ausgelegt? Ist der Flyer für eine längere Zeit nutzbar oder nur für eine Veranstaltung? Ein ausgefallenes Format kann hervorstechen und neugierig machen.

Formatwahl
Wähle das Format passend zum Umfang des Inhalts. 3 Beispiele für ein DIY-Flyer-Format für den Drucker zu Hause oder auch für den Copy-Shop/die Druckerei um die Ecke:

Wickelfalz – der Klassiker, viel Platz, eine A4-Seite.

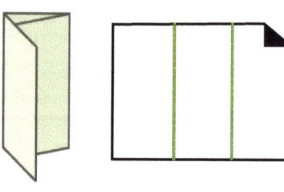

DIN-lang – platzsparend, passt drei mal auf eine A4-Seite.

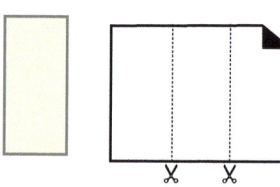

Klapp-Flyer A6 – passt zwei mal auf eine A4 Seite, ein kleines handliches Format in der Größe einer Postkarte.

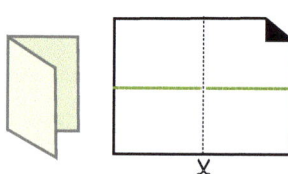

Lass dich inspirieren!
In einer (Online-) Druckerei kann aus vielfältigen Formaten ausgewählt werden. Die Datei muss dann in einem professionellem Satzprogramm nach den Angaben der Druckerei aufgebaut werden.

Man kann Flyer auch mal ganz anders machen, z.B. rund oder im sogenannten „Altar-Falz"!

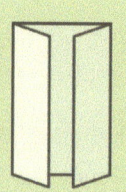

4. Flyer drucken

Wo kann man Flyer drucken lassen?
Du kannst örtliche Kleindruckereien auswählen,
die nachhaltig drucken oder im Kollektiv arbeiten.
Weiterhin gibt es eine Vielzahl an Online-Druckereien,
die Recyclingpapiere oder eine „grüne" Druckweise
anbieten. Recherchiere im Internet oder frage in
deiner Heimatstadt nach. Schonender Umgang mit
Ressourcen ist wichtig.

Zu Hause drucken oder in die Druckerei geben?

ZU HAUSE	DRUCKEREI
Vorteile: Kleine Mengen druckbar, kostengünstig, schnell	**Vorteile:** Randlos druckbar; es kann geschnitten, gefalzt und ein besonderes Papier ausgewählt werden
Nachteile: Weißer Druckrand (Hintergrund muss weiß bleiben oder Rand muss abgeschnitten werden, wenn du keinen randlos druckenden Drucker hast), bei einer höheren Auflage steigen auch die Kosten	**Nachteile:** Dateien müssen im richtigen Format angelegt werden (nach Rücksprache), es kostet etwas mehr

Haptik/Papierwahl
Die richtige Papierwahl ist nicht zu unterschätzen, in
(Online-)Druckereien hat man eine Vielzahl an Möglichkeiten von matten bis glänzenden Papieren bis hin
zu Umweltpapieren! Prüfe auch hier deine Intention.

5. Gestaltungshinweise und -regeln

Layout

Wenn Inhalt und benötigter Platz feststehen, kann man sich für ein Format entscheiden und mit der Gestaltung beginnen. Da letztendlich der Gesamteindruck des Flyers entscheidet, ob der*die Leser*in interessiert zugreift, müssen einige Faktoren beachtet werden. Bei der Gestaltung werden Zielgruppe, Format, Typografie, Farben, Bild und Grafik, Falzung, Druck und Material aufeinander abgestimmt, um den Blick und die Aufmerksamkeit der Betrachter*innen gezielt auf den Fokus zu lenken (ähnlich wie der Energiefluss im Ritual).

Anordnung

Achte auf genügend „Weißraum"! Alles braucht Luft zum Atmen, auch dein Flyer. Setze bei der Anordnung die Elemente, Bilder und Textblöcke nicht zu dicht aneinander. Das Auge braucht den „weißen" Raum um sich zu erholen.

Corporate Design
Ein Corporate Design nennt man das visuelle Erscheinungsbild von z.B. einer Firma oder Partei. Dazu gehören u.a. festgelegte Farben, Schriften, Grafiken und Logos und Layoutraster.

Wiedererkennbarkeit

Was zusammen gehört, sollte erkennbar sein. Verwende die gleichen Elemente, Farben etc. für zusammengehörige Druckprodukte, wie zum Beispiel Flyer, Visitenkarten, Plakate... Im Zusammenhang mit kongruenter Gestaltung fällt auch oft der Begriff „Corporate Design".

Gestaltungsgesetze

In der Gestaltung gibt es bestimmte Gesetze, sozusagen die Naturgesetze, die den Betrachter unterbewusst bei der Betrachtung beeinflussen.

Zwei der Gesetze, die für das Layout wichtig sind:
* Gesetz der Nähe
  Nah beieinander stehende Elemente werden als zusammengehörig wahrgenommen.

- Gesetz der Ähnlichkeit:
Einander gleichende oder ähnliche Objekte werden-
vom Gehirn als zusammengehörig wahrgenommen.
Ähnlichkeit kann bestehen in: Größe, Farbe oder
Form.

Abstand wahren
Nachdem du gestaltet hast, trete innerlich einen
Schritt von deiner Arbeit zurück. Du bist offener für
Kritik, wenn du die Arbeit nicht (nur) als dein persön-
liches Kunstwerk empfindest. Kunst ist etwas sehr
subjektives, gute Gestaltung hingegen erreicht ihr Ziel
in den meisten Fällen.

Trotz aller Gestaltungsregeln sind deiner Fantasie
keine Grenzen gesetzt und ein neuer, ungewöhnlicher
Weg kann auch zum Ziel führen. *Lasse deine Kreativität und deine Magie fließen!*

6. Farben – Bedeutung und Einsatz

Wiedererkenn-barkeit
Verwende die Farben deines Logos wieder, wenn du eins hast.

Die richtige Farbwahl für den Flyer
Die Wirkung von Farben ist nicht zu unterschätzen und sollte gezielt eingesetzt werden, um Werte zu vermitteln, aufzufallen oder einen anderen gewünschten Effekt zu erzielen.

Farbkombinationen
Um einen harmonischen Farbeindruck zu erzielen, wähle Farben aus, die im Farbkreis nahe beinander liegen. Um eine kontrastreiche Gestaltung zu erzielen oder eine einzige Kontrastfarbe zu finden, wähle Farben aus, die sich im Farbkreis gegenüber stehen. Kontraste können neugierig machen oder bestimmte Teile besonders hervorheben.

Bezug zur Intention
Überlege dir, welche Farben zu deiner Zielsetzung passen und was du vermitteln möchtest!

Farbpsychologie
Wie auch in der magischen Arbeit hat die Farbe eines Flyers eine Wirkung auf den Betrachter. Farbwirkung ist teils aus der Natur übernommen, teils sozial angelernt (z.B. Parteifarben); Farbassoziationen können je Kulturkreis auch unterschiedlich sein (siehe z.B. Weiß und Rot in Asien). Jede Farbe kann sowohl negative als auch positive Assoziationen wecken.

Ein paar Farbwirkungen und -bedeutungen

Rot: Leidenschaft, Wut, Feuer, Hochzeit (Asien)...

Orange: Lebensfreude, Energie, Spass...

Gelb: Weite, Veränderung, Sonne, Wärme...

Grün: Natur, Leben, Gesundheit, natürlich...

Türkis: Offenheit, Entspannung, Harmonie...

Blau: Kühle, Ruhe, Ordnung, Vertrauen...

Violett/Lila: Spiritualität, Verwandlung, Sensibilität...

Pink: selbstbewusst, markant...

Rosa: verträumt, zart, romantisch...

Braun: erdverbunden, traditionell, Gemütlichkeit.

Weiß: Reinheit, neutral, schlicht, Trauer (Asien)...

Schwarz: geheimnisvoll, klassisch, Trauer, Dunkelheit, Nacht...

Grau: Nebel, Seriosität, Neutralität...

Anzahl der Farben
Achte darauf, nicht zu viele Farben zu verwenden und beschränke dich auf zwei bis drei Farben. Der Flyer kann sonst schnell überladen wirken.

In diesem Buch wird oft ein zartes Grün verwendet. Hinter diesem Grün stehen die Assoziazionen für den Beginn, das Gründen einer Reclaiming-Gemeinschaft, das Wachsen, etwas Organisches und Lebendiges. Das Grün ist vom hellen Birkengrün inspiriert.

7. Die richtige Schrift auswählen

Generelles zur Lesbarkeit

Setze keine Schrift über unruhige Bilder und sorge immer für ausreichend Kontrast zwischen Textfarbe und Untergrund, um die beste Lesbarkeit zu erhalten! „Einen guten Textsatz bemerkt man nicht", heißt es. Der Leser wird um so lieber lesen, je angenehmer es für seine Augen ist. Dies ist vor allem für längere Texte mit viel Information wichtig.

Lesbarkeit
Wenn du helle Schrift auf dunklen Flächen verwenden solltest, achte besonders auf die Lesbarkeit!

An diesem Beispiel kann man die unruhige oder klare Wirkung von Text auf einem Bild gut erkennen.

Je höher der Kontrast, desto besser die Lesbarkeit. In dem ersten Beispiel ist es sehr anstrengend den Text zu lesen.

Anzahl von Schriften

Verwende im Idealfall nur 1-2 Schriftarten für ein Druckprodukt, allerhöchstens 3! So wirkt deine Gestaltung übersichtlich, klar und ansprechend.

Schriftart wählen

Jede Schriftart hat eine Wirkung. Ähnlich wie bei der Farbwahl sollte auch hier der Bezug zur Intention überprüft werden. Achte darauf, dass die Schriftarten gut miteinander harmonisieren bzw. kontrastieren. Kombiniere keine Schriften, die sich sehr ähnlich sind, das kann für den Leser sehr unruhig wirken.

Überschriften

Für die Überschrift kann eine auffällige Schrift gewählt werden! Beachte bei besonders auffälligen Schmuckschriften die Lesbarkeit!

Vorgefertigte Schriftkombinationen unter:
https://fontcomb.kkuistore.com

Beispiele für Überschriften und ihre Wirkungen

Macondo	wirkt organisch, locker, magisch...
Harrington	wirkt verspielt, aufregend...
Lucida Handwriting	wirkt persönlich, eigen...
Lucida Blackletter	wirkt alt, konservativer, magisch...

Fließtext

Für den Mengentext eignen sich schlichte gut lesbare Serifen-Schriften oder serifenlose Schriften. Auf Schmuckschriften sollte im Fließtext verzichtet werden, denn das strengt das lesende Auge an.

Serifen
Sind die kleinen abstehenden Enden, die manche Schriftarten besitzen. Serifenlose Schriften haben diese nicht (wie zum Beispiel bei dieser Schrift).

Beispiele für Fließtextschriften

Acari Sans

Calibri

Helvetica

Cambria

Wiedererkennbarkeit

Verwende für deine Druckprodukte die gleichen Schriften, wenn möglich auch bei deinem Webauftritt. Das erhöht deine Wiedererkennbarkeit!
Hinweis zur Kongruenz: die gewählten Schriften für alle weiteren Druckprodukte beibehalten.

Open-Source-
Schrift
Schrift mit „offener/
freier" Linzenz, d. h.
kommerzielle Nut-
zung, Bearbeitung
und Weitergabe der
Schrift ist erlaubt.

Kostenlose Schriften

Schriften zum Installieren findest du unter:

• www.fontsquirrel.com
• www.dafont.com/de
• www.myfonts.com
• www.fontlibrary.org

Beachte bitte die Lizenzen bei allen Schriften (Stehen immer mit dabei). Manche Schriften dürfen nicht für kommerzielle Projekte benutzt werden.

Die richtige Schriftgröße wählen

Ein Tipp aus der Praxis ist, den Flyer immer zwischendurch auszudrucken, um die Schriftgröße zu überprüfen. Verwende höchstens drei verschiedene Schriftgrößen (z.B. Überschrift, Unterüberschrift, Fließtext), um dein Druckprodukt übersichtlich zu halten.

• Randbemerkungen, Fußnoten, etc. sollten in den Schriftgröße 5 bis 8 Punkt gesetzt werden
• Fließtext sollte in den Schriftgrößen 9 bis 11 Punkt gesetzt werden (man nennt das auch Lesegröße)
• Für Überschriften empfehlen sich die Schriftgrößen ab 12 Punkt
• Textelemente, die auch auf größere Distanz lesbar sein sollen, ab 14 Punkt

Datenpaket auf der Holunderschwäne-Website

Auf unserer Homepage bieten wir die in diesem Buch verwendeten Schriften zum Download an. In dem jeweiligen Ordner ist eine Textdatei, die die Lizenzen der Schriften genau beschreibt.

In diesem Buch/PDF haben wir u.a. folgende Schriftarten und -größen verwendet:

Macando
Überschrift, regular, 24 pt

Acari Sans
Unterüberschrift, demibold, 12 pt

Acari Sans
Fließtext Überschrift, medium, 10 pt

Acari Sans
Fließtext, regular, 10 pt

Punkt (pt)
Dies ist die Einheit für Schriftgrößen.

Kleiner Exkurs in zwei Mikrotypografie-Regeln:

Anführungszeichen
Anführungszeichen werden im Deutschen immer so gesetzt, dass sie unten wie eine kleine 99 und oben wie eine kleine 66 aussehen!

„Deutsch"	"Englisch"
„Deutsch"	"Englisch"
„Deutsch"	"Englisch"

Mikrotypografie
Gestalterische Anordnung von Wörtern zu Zeilen und Absätzen; Manipulation von Abständen zwischen einzelnen Buchstaben, Wörtern und Satzzeichen zwecks besserer Lesbarkeit.

Bei manchen Schriften kann man die „99-66-Form" nicht genau erkennen. Beachte immer, dass im deutschen Satz die Anführungszeichen am Satzbeginn unten und am Satzende oben stehen! (Unterscheidung zum englischen Satz.)

Alternativ kann man natürlich auch »diese« eleganten Anführungszeichen (Guillemets) verwenden!

Apostroph
Das richtige Apostroph sieht aus wie ein kleines Komma!
So stimmt's!   Nicht so ´ oder so ` !

8. Logo

Wie finde ich einen Namen für meine Reclaiming-Gemeinschaft?

Ihr seid eine feste Gruppe geworden? Super! Vom Brainstorming bis zum Vision Quest – es gibt viele Möglichkeiten, gemeinsam einen passenden Namen zu finden.

Bevor sich eine feste Gruppe etabliert hat, ist z.B. eine Möglichkeit, sich nach der Region zu benennen (z.B. Reclaiming Braunschweiger Land).

Wie gestalte ich ein Logo für meine Reclaiming-Gemeinschaft?

Bilder, Symbole und Farben des Logos können sich aus dem Namen, den Werten oder dem Schwerpunkt der Gruppe ergeben. Wenn mehrere Farben verwendet werden, müssen diese gut zueinander passen.

Es lohnt sich als Gestalter*in immer sehr, alle – auch wenn sie sich selbst als unkreativ bezeichnen – in den Gestaltungsprozess mit einzubeziehen. Wie fühlt sich die Gruppe an? Mit welchen Farben verbindet man den Namen? Was ist jedem einzelnen wichtig. Jede*r sollte gehört werden. Die Gestaltungsarbeit kann dann einem einzelnen Gruppenmitglied übertragen werden.

Mini-Checkliste Logo

❑ Kann man das Logo auch erkennen, wenn es stark verkleinert ist? (z.B. auf Buttons oder Visitenkarten)
❑ Ist das Logo einzigartig und unverwechselbar?
❑ Funktioniert das Logo auch als Negativ, auf hellem oder auf dunklem Grund?
❑ Passt die Schrift (bei einer Wortmarke) zum Namen und zur Intention?

❑ Passen die Farben?
❑ Hat das Logo eine emotionale Aussage?
❑ Gefällt das Logo, ist jeder zufrieden?

Für alle Freigeister: natürlich ist es auch möglich, mehrere Logos für unterschiedliche Zwecke zu haben, das Logo stetig zu erweitern oder die Farben (z.B. im Laufe des Jahreskreises) zu verändern. Deiner Kreativität sind auch hier keine Grenzen gesetzt.
Der „Kern" des Logos sollte allerdings möglichst nicht verändert werden, um eine Wiedererkennbarkeit zu gewährleisten.

9. Bilder

Fotos eignen sich sehr gut, um Gefühle und Emotionen zum Ausdruck zu bringen. Wenn ein Foto keine Aussagekraft besitzt, sollte man es lieber weglassen.

Bilder aus dem Internet sollten niemals einfach so verwendet werden. Bitte fragt die Künstler*innen, wenn ihr Fotos verwendet und gebt die Quelle immer so wie gewünscht an. Ist der*die Urheber*in eines Bildes nicht zu ermitteln, solltest du das Bild nicht verwenden, um rechtliche Konsequenzen zu vermeiden.

Onlinefundstellen für kostenlose Bilder (Auswahl)
• Pixabay
• Wikimedia Commons
• Creative Commons bei Flickr

Datenpaket auf der Holunderschwäne-Website
Eine Auswahl an Bildern und selbst erstellten Grafiken findet ihr im Datenpaket auf unserer Website. Fühlt euch frei, diese zu benutzen oder uns eigene Fotos/ Grafiken zuzusenden. Das Datenpaket soll ständig erweitert werden. Weitere Infos auf unserer Website.

10. Urheber und Quelle

Im Reclaiming geben wir immer alle Quellen an, um den Urheber zu ehren und wertzuschätzen. Dies gilt für alle Textpassagen, Bilder, Fotos, Zeichnungen, Lieder usw. Fragt den*die Urheber*in, mit welchem Namen etc. er*sie erscheinen möchte.

Bei Unsicherheiten schau z.B. auf: www.zitieren.de

Wenn Textpassagen aus dem Netz oder aus Büchern verwendet werden, sollte richtig zitiert werden. Bei Webseiten ist es z.B. wichtig, mit anzugeben, wann die Seite aufgerufen wurde, da sich Webinhalte schneller ändern können.

When we share, everyone wins
Creative Commons bietet Lizenzen an, um eigene Texte oder Werke zu schützen, aber auch um genaue Weitergabebedingungen festzulegen. Schau dir für nähere Informationen die Webseite an: https://creativecommons.org.

11. Webdesign

Eine Website ist wie eine Online-Visitenkarte und sollte eine Möglichkeit zur direkten Kommunikation (z.B. Kontaktfeld oder Emailadresse) bieten. Zudem kann sie dem*der Suchenden gezielt Informationen offerieren.

- Reduzierung auf das Wesentliche: Können alle Infos schnell gefunden werden?
- Dient die Gestaltung der Wiedererkennbarkeit? Verwende die Farben, Bilder und Grafiken, die du auch schon für deinen Flyer und deine anderen Werbe- oder Informationsmittel verwendet hast. Wenn möglich, versuche auch die gleichen oder ähnliche Schriften zu verwenden.

- Funktioniert deine Webseite auf allen Endgeräten, wie Smartphones, Tablets und Computern? (Responsives Webdesign)
- Ist deine Website und dein Content aktuell? (Denke an regelmäßige Pflege und entstaube ab und zu deine Website.)

Navigation
Ist die Navigation übersichtlich und leicht zu bedienen? Erstelle eine Sitemap (Inhaltsverzeichnis) für alle Seiten und füge ein Suchfeld hinzu. So wird der Webauftritt besonders anwenderfreundlich. Je klarer deine Struktur ist, desto einfacher wird der*die Benutzer*in genau das finden, was er*sie sucht.

Bilder und Grafikdateien
Für Webseiten sollte die Dateigröße von Bildern und Grafiken so klein wie möglich sein, damit die Seite schnell lädt und auch im Ranking der Suchmaschine steigt. Große Bilder verlangsamen deine Seite und erschweren Menschen mit schlechter Internetanbindung den Zugang zu deiner Seite.

Verkleinern von Bildern
Wer kein professionelles Bildbearbeitungsprogramm besitzt, kann die Bildgröße z. B. auch mit dem Programm Microsoft Paint, das auf Windows-Rechnern vorinstalliert ist, verkleinern.

Barrierefreiheit
Um für einen gleichberechtigten Zugang zu den Informationen im Web zu sorgen und somit auch die Inklusion von Menschen mit Behinderung oder älteren Menschen mit z.B. eingeschränktem Sehvermögen zu unterstützen, gibt es barrierefreies Webdesign.
Für barrierefreie Gestaltung gibt es spezielle Gestaltungshinweise, die Kontraste, Schriften Farben etc. betreffen.
- www.einfach-fuer-alle.de
- bik-fuer-alle.de/webinhalte-barrierefrei-pflegen.html

12. Textbausteine "Was macht das Besondere an Reclaiming aus?"

Falls du für deinen Flyer Texte benötigst, findest du hier Textbaustein-Vorschläge, die für Flyer verwendet werden können. Danke an die deutschsprachige Gemeinschaft für das Brainstorming! Natürlich darfst du auch Passagen aus Kapitel 1 „Was macht Reclaiming aus?" verwenden. Denke immer an die Quellenangaben! Reclaimer*innen helfen einander – wenn du nicht weiter kommst, frage um Hilfe!

Reclaiming legt großen Wert auf die (Weiter-) Entwicklung ihrer Mitglieder und bietet fünf grundlegende Kurse an. In diesen Kernklassen werden die Grundlagen der Reclaimingtradition vermittelt. Kernklassen werden wenn möglich durch zwei Lehrer*innen geleitet, um die Entwicklung von Hierarchien und Schulen innerhalb der Gemeinschaft zu vermeiden. Die Klassen sollen u.a. die grundlegenden Fähigkeiten vermitteln, selbst gestaltend in Ritualen mitwirken zu können und sie zu leiten, sich selbst zu analysieren und zu ermächtigen und lokale Gemeinschaften tragfähig und sozial nachhaltig mitzugestalten.
Weiterhin gibt es sogenannte Witchcamps: Die gemeinsam gelebte Zeit in der Gemeinschaft (be-) stärkt und ermächtigt. Lehrer*innen unterrichten in der Reclaimingtradition. Und die intensive Ritualarbeit und ekstatische Magie dreht sich oft um einen Mythos oder eine Geschichte, die gemeinsam betrachtet, dekonstruiert und auf aktuell relevante Zusammenhänge angewendet wird.

Reclaiming ist eine erdbasierte Spiritualität, die aus der erlebten Erkenntnis, dass die Welt die immanente Göttin ist, einen ethischen Imperativ und politisches Handeln ableitet.

In Reclaiming ist Magie ekstatisch. Sie wird jedoch nicht um ihrer selbst willen gewirkt, sondern ist stets auf ein Ziel ausgerichtet. Alle Ritualteile richten sich an einer Intention aus; spezielle Ritualrollen, Techniken und Formen schaffen einen intentionalen Raum, innerhalb dessen sich Magie und Energiefluss entwickeln können. Dies setzt die Fähigkeit der Priester*innen voraus, den Energiefluss während des Rituals zu erkennen, zu lenken oder ihm zu folgen. Rituale müssen die Offenheit haben, sich zu entwickeln und ggf. auch außerhalb der vorherigen Planung zu verlaufen. Magie wird in Gemeinschaft gewoben (co-created). Die anarchistische, konsensorientierte Organisationsform bestimmt direkt auch die Magie, beides kann nicht getrennt werden. Um Positionen von Macht zu vermeiden, werden Rituale wann immer möglich von wechselnden Priester*innengruppen geleitet.

Reclaiming ist eine einzigartige Kombination aus ekstatischer Magie, kritisch politischem Bewusstsein und anarchistisch-konsensorientierter Struktur.

Reclaiming ist eine neuheidnische Tradition; sie bezeichnet sich selbst zum Hexenkult zugehörig. Ihre Ursprünge liegen „zu einem Drittel im Hexentum, zu einem Drittel in der Bürgerrechtsbewegung (also politischem Aktionismus) und einem Drittel in der Psychologie" (David Miller). Sie ist nicht hierarchisch, sondern anarchistisch und konsensorientiert in der Organisationsform.

Reclaiming ist eine Tradition der erdbasierten Spiritualität, die alle Erscheinungsformen des Mysteriums ehrt. Sie legt einen Schwerpunkt auf Göttinnenspiritualität, durch ihre Wurzeln in der feministischen Gesellschaftsanalyse, aber ist sich stets bewusst, dass das Göttliche weit mehr als das Gegensatzpaar Weiblich – Männlich ist.

Die Prinzipien der Einigkeit dienen Reclaiming als Basis, auf der die Gemeinschaft mit erprobten und daher funktionierenden Kommunikations- und Umgangsregeln aufbaut. Reclaiming übt sich als lebendige Tradition in Offenheit und Aufgeschlossenheit, wobei stets Fragen begrüßt werden und eine kritische Haltung allen Macht-über-Systemen gegenüber vorherrscht. Reclaiming ist eine Tradition, die sich weiterentwickelt und wächst. Dadurch bleibt sie relevant und aktuell und reagiert auf die Bedürfnisse ihrer Mitglieder in der gesellschaftlich-politischen Situation.

Reclaimer*innen sind eklektisch. Das heißt, sie übernehmen Übungen in ihre spirituelle Praxis, auf die sie in anderen Zusammenhängen gestoßen sind und die sie als hilfreich und bereichernd empfinden. Dabei wird die Quelle jedoch stets genannt und geehrt. Die meisten Reclaimer*innen haben mehr als ein spirituelles Standbein. Viele lernen in anderen Traditionen (Feri, Wicca, Druidentum, Zeremonialmagie, ...). Diese Vielfalt wird begrüßt und bringt stetig neue Impulse in die sich immer weiter entwickelnde Gemeinschaft.

13. Checkliste Flyer

Nimm dir, was du brauchst!

Inhalt

❑ Werden alle „W-Fragen" beantwortet? (Was? Wer?
Wie? Wo? Warum? Wann?)
   ❑ Wer? Zielgruppe
   ❑ Was? Botschaft
   ❑ Wie? Gestaltung
   ❑ Wo? Zielregion
   ❑ Wann? Zeitraum
   ❑ Wieviel? Kosten
❑ Sind alle Kontaktdaten und Anfahrtsskizzen da?
❑ Kann der Leser auf einen Blick erkennen, worum
es geht?
❑ Wird klar, an welcher Stelle der*die Leser*in aktiv
werden und handeln kann?
❑ Was hat der*die Leser*in von dieser Veranstaltung/
Gruppe/...? Was sind die Vorteile?
❑ Sind die wichtigsten Aussagen hervorgehoben?
❑ Wie lange ist der Flyer gültig und ist dies auch
ersichtlich? (Datum/Auflagennummer?)

Text

❑ Rechtschreib- und Grammatikfehler gefunden?
❑ Sind die Sätze kurz und aktiv?
❑ Wird der Leser direkt angesprochen?
❑ Sind die Überschriften aussagekräftig?
❑ Ist der Text verständlich?
❑ Ist das Schriftbild angenehm und der Text leicht zu
lesen?

Layout und Gestaltung

❑ Passen alle Inhalte auf das gewählte Format?
❑ Passt das Layout zur Intention und zur Zielgruppe?
❑ Sind Schriftart und -größe stimmig gewählt?
❑ Verwendung von max. 2 Schriften?
❑ Passen die Inhalte der Seiten zu der ausgewählten
Falzart?

- ❑ Passen die Seitenränder? Kann der Flyer ohne Probleme nach dem Drucken zugeschnitten werden?
- ❑ Fällt der Flyer auf?
- ❑ Hat das Layout einen Wiedererkennungswert oder ähnelt es den dazugehörigen Printprodukten, der Website etc.?
- ❑ Ist der Flyer logisch aufgebaut?
- ❑ Ist genug Weißraum vorhanden? Und besteht ein ausgewogenens Verhältnis zwischen Text und Bild?
- ❑ Kann Mengentext durch Listen, Absätze und Textkästen aufgelockert werden?

Fotos, Bilder, Grafiken
- ❑ Unterstützen die Fotos oder Bildausschnitte die Aussage des Flyers?
- ❑ Harmonieren Text und Bilder miteinander? Geben sich beide Elemente genug Raum?
- ❑ Sind für alle Bilder die Rechte und Lizenzen vorhanden?
- ❑ Sind alle Quellen wie gewünscht genannt?
- ❑ Sind Bildunterschriften sinnig?
- ❑ Haben die Bilder die richtige Qualität und Druckauflösung?
- ❑ Gibt es auflockernde grafische Elemente und fügen sich diese harmonisch in das Gesamtbild ein?

Druck
- ❑ Passt das Papier zur Intention und zur Zielgruppe?
- ❑ Ist das Papier beidseitig bedruckbar? (Wichtig für die eigene Herstellung von Flyern)
- ❑ Ist der Flyer wertig und haltbar?
- ❑ Kann Recyclingpapier verwendet werden?
- ❑ Sollen spezielle Veredelungen (Prägungen, Stanzungen, Folien etc.) verwendet werden?
- ❑ Wie soll sich das Papier anfühlen? Glatt, griffig, natürlich...?
- ❑ Ist das Papier weder zu dick noch zu dünn?
- ❑ Wie viel wird der Druck kosten? Wurden verschiedene Kostenvoranschlöge eingeholt?

❑ Hat das Programm alle Schriften korrekt eingebettet?
❑ Gibt es eine Umweltdruckerei oder eine nachhaltige Alternative?
❑ Muss der Flyer tatsächlich neu aufgelegt werden oder reicht ein Einlegeblatt für aktuelle Informationen, Veranstaltungen oder Änderungen?
❑ Stimmen die Daten mit den Anforderungen der Druckerei überein (Dateityp, Format, Anschnitt, evtl. Farbprofil, Schriften eingebunden)?

Notizen

Impressum und Bildnachweis

2019 Birkensamen

Dieses Werk ist lizenziert unter einer Creative Commons (Namensnennung - nicht kommerziell - Weitergabe unter gleichen Bedingungen) 4.0 Internationale Lizenz.

1. Auflage, Beltane 2019

Umschlaggestaltung: Igraine

Textsatz und Layout: Igraine

Lektorat, Korrektorat: Claudia Nymphenkuss, Cat

Herausgeber:
Claudia Nymphenkuss, Igraine und Tim von den Holunderschwänen

Weitere Ideen, Texte und Hilfestellungen von:
Bran, Cassandra (Sternschnuppe), Cat, Celia, Ceru, Elke, Kris, Sabine, Shira, Thanis und tiger (Vielen Dank! Ihr rockt!)

Verlag und Druck:
Books on Demand GmbH, In de Tarpen 42, 22848 Norderstedt

Bildnachweis:
Soweit nicht anders angegeben sind alle Bilder mit CC0 Creative Commons-Lizenz von www.pixabay.com, für die freie kommerzielle Nutzung freigegeben. Hexengrafiken von: Sophie (Vielen lieben Dank!) und Igraine.

ISBN: 9 783748 183785